# AS LÁGRIMAS DA SERPENTE

Membro da Academia Paulistana de História e Ordem Nacional dos Bandeirantes.



Estudo de capa e lay-out de Rigsil. Baseada em ilustração pertencente ao Acervo da Samrig, Rio Grande do Sul.

**As Lágrimas da Serpente**

Edição da **Renig - Editora e Assessoria Publicitária**.
Distribuida pela **Catavento Distribuidora de Livros**.
Rua Conselheiro Ramalho, 928 - Tel. 289-0811 (PBX)
São Paulo

# Sumário

**AS LÁGRIMAS DA SERPENTE**

## *Prefácio*

***É preciso que se terminem de vez com as guerras civis. Elas matam as nações.***

*Como já fez em outros trabalhos literários, neste livro "As lágrimas da serpente", o autor procurou criar uma história dentro da História.*

*Manteve mais real possível, o clima da revolução rio-grandense-do-sul entre "chimangos" e "maragatos", que foi de 1893 a 1895. Portanto esta novela se passa há cem anos atrás, fiel com seus heróis e vilões. Usos e costumes.*

*Cita desde a moeda corrente o conto de réis, lampeão de querozene sobre o móvel de vime, lavatório de ferro onde se despejava a água. Conservando hábitos gaúchos e os xingamentos regionais daquele tempo.*

*Os primeiros imigrantes italianos, alemães, russos e poloneses em suas lidas pastoris. Onde nos galpões, estancieiros, tropeiros, carreteiros e andarengos, não poderiam faltar. Nem xotes e valseios. A milonga, a polca, a chimarrita e a poesia, também estão presentes. Assim como o vinho de laranja, a* ***caña****, o churrasco pingando sobre a lenha seca do cambui, no fogo-de-chão. O feijão com charque, borbulhante, a procurada costela gorda, o saboroso arroz de carreteiro. E principalmente a rodada de chimarrão.*

*"As lágrimas da serpente", da série "Séculos de História", além de romanceada, é também obra documental*

*sobre o embate épico, entre tropas republicanas e federalistas. Com seus transitórios sucessos e fracassos — que contém importantes depoimentos históricos. Mostrando os ressentimentos que impulsionaram os revoltosos desde a fronteira gaúcha, até o planalto paranaense. O esforço popular contra o poder. As tomadas de territórios, as retiradas, os exílios, até a final pacificação.*

*Como os antibióticos ainda não haviam sido descobertos; o máximo em matéria de medicamentos para os feridos nas batalhas era o iodofórmio. Em se tratando de armamentos bélicos, o terror, representado pelo canhão Krupp e a última novidade, o fuzil mauzer.*

*Renato Ignácio da Silva criou personagens como Uirá, Cambalhota, Anacatarina, Satan, Mayã, Gordolento, Nadine, Lupe, Andy e outros, vivendo um drama no Sul. Mas com tanta força de imaginacão e perfeição, que, quem poderá garantir, não existiram realmente tais pessoas, no local e na época?...*

**Renig —Editora e Assessoria Publicitária**

# As Lágrimas da Serpente

# O circo

O velho Benê Cambalhota lenço vermelho vistoso no pescoço, botas lustrosas e adaga de prata à cintura, só parou um instante para uns goles da ***caña*** gaúcha misturada com licor de butiá. Dava os últimos retoques na preparação da derrubada do mastro e desmontagem da lona. E para isso quanto mais gente disposta a ajudar, melhor.

Toda vez que o circo era desmontado, a mesma correria no picadeiro com o pessoal se misturando; artistas, ajudantes gerais e até gente da direção. No corre-corre não havia palhaço, engole-fogo, mulher-barbada, trapezista, gerente, aramista, malabarista, bailarina, domador. Só trabalhadores braçais no desmanche da armação da lona, espalhando cordas entre trouxas de roupas e panelas, ferragens e pedaços de arquibancadas de madeira, tabuleiros de pipoca e amendoim. Objetos dos mais diversos para todos os lados.

O palhaço Cambalhota por isso não recusou a oferta do menino índio que se aproximou querendo ajudar. Todo braço era útil e principalmente daquele jovem forte, bronzeado possuidor de boa musculatura para o desempenho da tarefa pesada...

Somente no fim do dia com boa parte das coisas em seus devidos lugares, caixotes selecionados, animais enjaulados e estando na hora do churrasco, com chimarrão já fumegante na roda, foi que perguntaram o nome do garoto.

Também não teve muita importância, porque dito rápido e com o som vindo da garganta, para aqueles gaúchos de fronteiras com língua espanhola, não foi compreendido. Algo parecido com Hatsohauirá...

Somente entenderam que o rapazinho era um índio Vaurá — pertecente a tribo aruaque das cabeceiras do Xingu. Como havia aparecido ali em Belém do Pará, ninguém sabia. Mas o mundo era assim mesmo, pequeno demais, aquele circo gaúcho não rodara tanto que seus componentes acabaram dando com os costados no Portal da Amazônia?

Decidiram rapidamente. Com o nome do jovem indígena complicado demais para a gauchada, Uirá era suficiente para o trato rápido, principalmente no agradecimento pela ajuda na derrubada da lona, mastro e demais peças da casa de diversão ambulante, que vinha percorrendo o Brasil de ponta a ponta.

Mas foi no fim do assado, com espetos de madeira no chão deixando a carne bem acima das brasas, na penúltima passada da cuia do chimarrão para a despedida do lugar, que o jovem índio sentado no que restava de velho pelego, fez o pedido.

Num ímpeto de coragem perguntou ao palhaço Cambalhota, com quem tinha maior afinidade, um pouco mais de amizade apesar do curto tempo de convivência, se podia seguir com o pessoal do circo. Iria para qualquer lugar. Faria todo serviço pesado tanto estava entusiasmado pelo ambiente circense que nunca tinha visto.

Ajudaria em tudo e quem sabe até aprenderia uma profissão artística? Afinal quase todos ali não eram artistas a sua maneira? Quebrando a cara como afirmava Cambalhota — entre apanhando a garrafa ou um volume qualquer. Se a maioria aprendeu na lida diária porque Uirá não poderia tentar também?...

—Bah, vida de cir-cir-circo não é para qualquer um, tchê! — Foi afirmando logo o experiente Cambalhota deixando à mostra sua gagueira, que a criançada ria, pensando fazer parte do tipo criado pelo palhaço. Afrouxando o cinto-guaiaca de fivelas brilhantes, ainda acrescentou em portunhol:

—***Po-po-por los quatro vientos, hai que pe-pe-pelear muchissimo,*** ser batalhador nato e sem-sem-sempre longe das chinas da querência! Quan-quan-quantos anos tens, piá? — Investigou sério o palhaço, enquanto lutava contra um arroto.

Novo gole na garrafa de cachaça que pegou junto da erva-mate para o chimarrão, enquanto esperava a resposta.

—Uns quinze...—Respondeu titubeante e seco o índio acanhado que só ele. Fazendo esforço danado para desandar a língua.

—E família. Te-te-tens parentes, guri? — Voltou a investigar o gaúcho virando as costas a passos lentos em direção de algo afim de proteger a garrafa.

Consultado ali mesmo na roda o gerente, a idéia foi aprovada. Estavam precisando mesmo de mais um auxiliar e basicamente a troco de comida, já que dinheiro por ali estava mais curto que pedaço de lona sem furos...

O palhaço largou a cuia, mirou o jovem que mantinha os olhos baixos de súplica e foi fundo :

– ***Bueno,*** tu podes pa-pa-partir com a gente. Ten-ten-tens jeito de peão para qualquer lida, de pe-pe-pegar boi a unha. Só me respondes uma coisa. Quan-quan-quantas orelhas temos?

— Claro que temos duas! — afirmou o índio.

—Nã, nã, não senhor, temos quatro. Tu tens duas e eu duas, portanto nós te-te-temos quatro, tchê...

O índio sorriu amarelo não achando muita graça. Ao completar a frase, o chefe que gostava de fazer truques no baralho, contar piadas, histórias alegres e fazer "pegadas", trouxe a boina na testa, ajeitou a bombacha que teimosamente caia sobre a pronunciada barriga, se retirou...

Daquele dia em diante o índio Uirá passaria a fazer parte na família de lutadores da vida cigana, sem poder parar mais em parte alguma. Iniciaria vendendo amendoim e já ensaiando equilibrar pratos com o queixo, logo viraria artista.

Comemorando com a última ***caña*** homenageando o mais novo componente da equipe do Gran Circo Aprigio. A gauchada deu os últimos retoques na mudança já nos carroções rumo aos grandes barcos a espera. Daquele pedaço da Amazônia partiram para completar, mais uma vez, a volta por todo o território nacional e quiçá atingiriam países limítrofes...

Tudo era calmaria no Gran Circo Aprigio, com as luzes apagadas. Logo ele estaria novamente aceso, modesto, mais parecendo um navio iluminado, cintilando lantejoulas nos espetáculos, chamando trabalhadores e desempregados, donas de casa e seus filhos para o mundo da magia. Embora a lona furada não mentisse, o circo parecia uma nau prestes a naufragar.

O que ninguém ali poderia imaginar no momento, jamais passaria por suas cabeças, era o fato de que a contar da partida de Belém do Pará, aqueles homens do circo mambembe levariam cinco anos de penúria — para atingir novamente os queridos pagos gaúchos...

## A revolução

Alguns estranhando o clima tossiam e debatiam-se com o ar frio que lhe transformavam as feições. Olhos magnéticos, mãos crispadas apertavam na cabeça o chapéu de longo uso. A cada pisada forte o corpo doía. Estavam gelados com o ar da madrugada que pedia goles de conhaque.

Depois de muito esforço em barcos, carroções, lombos de mulas e até mesmo percorrendo a pé longas distâncias, os componentes do Gran Circo Aprigio tinham atingido o território do Rio Grande do sul, no ano de 1893.

Em plena efervescência da guerra civil entre republicanos e federalistas, onde nas batalhas se exaltava a importância histórica, na figura de Angelo Dourado.

Como só se falava nesse abnegado homem, um herói da região, era justo que sua fama atraísse novos adeptos para a luta. Apesar de conflito entre irmãos, contou de imediato com o apoio do pessoal daquilo que restava do circo, naquela altura diluído com a crise financeira. Até que havia durado mais cinco anos do Norte ao Sul. Por milagre...

O patrão passou a peão. O gerente morrera e o palhaço Benê Cambalhota ficara amargo, bebendo mais do que nunca. Quase não contava mais piadas, nem histórias alegres e muito menos fazia "pegadas". Não havia mais engole-fogo, mulher-barbada, domador-de-feras. Transformado com o tempo no acrobata-trapezista-índio, Uirá era o único que ainda mantinha o prestígio de pé, no que restava daquela casa ambulante de espetáculos. O índio amazônico não tinha mais o que fazer no trapézio mas mantinha-se saudável. Forte como uma rocha a contrastar com o restante em decadência física e moral.

Dormindo todos dentro de um único carroção que sobrara, para os gaúchos fora urubucubaca das maiores, que fez com que o circo desmanchasse de vez. Nunca mais aproveitariam lonas e cordas, que já vinham há tempos perdendo-se aos pedaços em cada local que paravam um pouco. Quem iria assistir espetáculos circenses naquele pedaço de chão, em pleno clima de revolução entre "chimangos" e "maragatos"?...

O palhaço Cambalhota não quis comer. Pensativo, limitou-se apenas a executar alguns truques no baralho. Como sempre procurava um gole de bebida. E quem não descuidava da alimentação dos amigos era Gordolento, ex-bilheteiro do circo. Além da polenta que já estava frita, aos pedaços providenciava codorna na ***pancetta*** — espécie de ***bacon*** feito com a parte da barriga do porco. Costume da Itália. Receita clássica que os imigrantes italianos haviam passado aos gaúchos. Ajeitadas na panela, precisavam ser bem passadas, ficando molinhas, quase derretendo na boca. Bem secas, as pequenas aves deviam descansar uns 20 minutos e logo depois seriam colocadas em seu interior uma folha de louro e uma fatia bem fininha de *pancetta.*

Salgou e apimentou as codornas em seguida colocou-as na frigideira. A maneira que o cheiro agradável percorria o ar, Gordolento ia virando as aves para conseguir uma fritura uniforme. Com o fogo alto não demorou para que ficassem douradinhas de todos os lados. Acrescentou uma xícara e meia de vinho branco, não esquecendo de oferecer um gole ao encorujado palhaço, que ultimamente parecia meio sem graça.

Gordolento ficou vigiando, baixou bem o fogo, cobriu parcialmente a panela e esperou que as aves ficassem tenras.Um olho na panela e outro na garrafa próxima de Cambalhota, para ver se o suco não secava e não permitir que o ex-palhaço secasse a garrafa. Mais uma polentada feita na hora, desta vez mole, foi a guarnição ideal. Todos rasparam as panelas, com exceção de Benê Cambalhota, cada vez mais bêbado.

Uirá mal pôde falar, roendo os ossos das pequenas aves:

—Quando a jaboticaba é pouca a gente engole o caroço!...

# O líder

O líder agora era Uirá, rapagão sacudido e atlético de uns 20 anos mais ou menos. Despachado, tarimbado. Nas andanças pelos cinco anos da Amazônia ao Rio Grande do sul perdera a timidez. Havia adquirido desenvoltura na experiência da vida circense. De pronto ficou interessado na luta gaúcha, com os outros companheiros seguindo-o mais por não ter onde ir do que por idealismo.

---Bezerro enjeitado não escolhe teta!...—Gritou Uirá aos amigos meio desanimados.

Não demorou mais do que horas para o índio ficar obsecado por participar das batalhas. Um pouco instruido pelo pessoal do circo quando ainda tinha sentimento, patriotismo saúde e esperança. Nas noitadas de chimarrão, com seus ideais a flor da pele para quando pisassem em solo gaúcho. O restante da vontade, talvez vindo de seu espírito de nativo guerreiro. Um mal ou bem atávico? Não sabia, mas era fato que estava ali mais uma oportunidade na sua vida.

Uirá lembrava-se que na tribo, seu pai tinha sido lider guerreiro. Pois então estava ali na sua frente a chance de igualar ao velho índio na valentia. Mais interessado ainda ficou, ao saber que quem comandava a tropa era um forasteiro como ele. Um "de fora" como diziam os gaúchos, a defender os pampas: Angelo Dourado — um mito. Não poderia jamais esquecer aquele nome...

Pena que estavam reduzidos a bando de arraia-miúdas, sem um rancho nem punhado de bosta-de-vaca seca para se aquecerem. As codornas na ***pancetta*** tinham sido talvez a última refeição decente. E a garrafa de vinho branco seco, a derradeira alegria de Benê Cambalhota. Foi quando surgiu um pouco de apetite tardio, no velho palhaço aposentado por força das circunstâncias. Raspou com o naco de pão o que restava do molho escuro que cobria as deliciosas aves preparadas no ponto, com capricho. A colher de pau caiu do fogão e o homem até chutou-a para um canto do chão. Não tinham mais como usá-la...

Com esse moral a "gente do circo" se aproximou da tropa, na planície extensa do Sul. Na hora do canto do quero-quero, como esfarrapados pés-de-chinelos. Com o astral no chão, estava o grupo maltrapilho disposto dali para frente a se associar ao destino da Revolução Federalista, fossem qual fossem os resultados.

Andejos, tal qual frouxos matungos a começar tudo de novo. Pobres, alguns até de esperanças, mala-de-pano ou sacola-de-garupa em punho. Arrependidos da vida de artistas que levaram. Nas andanças de anos proporcionando diversão, fazendo espetáculos, acabaram esquecendo-se deles próprios;

de uma orientação para suas vidas. Andarengos que perderam tempo, dinheiro e o pior: os melhores anos de suas vidas jovens.

Logo estariam sob o manto da noite fria. Parecendo bando de guaxos — que na terra gaúcha tanto poderia ser um pé de milho que nasce criado longe da tropa ou ainda um menino abandonado, vivendo sem os cuidados dos pais. Sem rancho e sem parente, jogado ao deus-dará.

—Bah, an-an-andejamos tanto como baratas tontas, por ter-ter-terras estranhas alegrando tanta gente e o que gan-ganhamos com isso? Voltamos lisos, tchê, sem laços e sem esporas... —Lastimou-se Cambalhota mais gago do que nunca, como uma gralha rouca. Louco para tomar uma talagada e com dificuldade até para reclamar.

—Estamos para o que der e vier. Entregues a sorte. Assim, o jeito é entrar o mais rapidamente nessa revolução! — Gritou otimista Uirá, transformado em lider e animando Cambalhota, Gordolento e demais membros da equipe.— Esqueçam que somos um grupo de esfomeados circenses, daqui para frente vamos passar a ser soldados da Revolução da Liberdade. Revoltosos e heróis !

Cambalhota e os outros companheiros não pareciam muito animados com a idéia, mas não tinham outra alternativa. Enquanto o lider fazia a chamada geral, convocando mais, Satan, Esfigênio, Tornado, Simério, Arduíno, Tibúrcio, Ascêncio, o que restara da equipe do circo.

—Vou ser "maragato", dos melhores!... —Encerrou o índio Uirá, agora muito mais solto e falante. Referindo-se aos federalistas, revolucionários contrários ao partido então dominante, de quem era chefe Júlio de Castilhos.

## O mito

A água estava sendo esquentada para o mate. Debaixo de angicos e guabijuzeiros crivados de balas, um caixão rústico servia de mesa onde repousava a panela velha contendo pinhões cozidos.

Alguem lembrando da última refeição na base de codornas preparadas na *pancetta*, não se conteve com a situação calamitosa e reagiu:

—*Estoi com gana* de gritar!...

O que tinha sido feito do despertar do dia cheio de alegria, daquelas lindas terras gaúchas? Um deserto de rez e de pessoas. Só montes de estercos secos. Como se todo vivente naqueles pampas tinham ido para o matadouro, no encontro entre tropas republicanas e federalistas.

Sítios abandonados, casas vazias, ervas daninhas atingindo as portas abertas, escancaradas pelos ventos frios.

Com exceção de um ou outro rato, a vida parecia extinguida nos campos salpicados por diversas valetas, onde tinham sido sepultados às pressas e sem o devido cuidado, os corpos dos soldados. Além de outros buracos mal cavados, no pátio de uma das casas onde jaziam os oficiais. Antiga construção-de-pedra, estilo imponente, senhorial.

Onde estavam as cantorias alegres? Os sons das milongas que saiam das gargantas e do bojo das violas nos galpões floridos? Nos vastos quintais, antes cheios de aves e animais domésticos? Nada mais existia. As lidas com o gado, no curral-de-pedra. Na cachoeira, apenas se viam ossos de animais que morreram ou foram mortos. Nesse palco frio e sinistro, que o índio amazônico Uirá, que viera de tão longe, iria iniciar na revolução sulina.

Chegou na Serrilhada. Quando as tropas revolucionárias depois de perseguir desde São Sepé, resolveram desforrar-se do inimigo, podendo atacá-lo, fazer tremenda carga de lanças na qual resultou seu triunfo. A noite era de breu. Cansados, agora repousavam a cabeça sobre arreios jogados no chão. Os corpos estirados sem ao menos tirarem as botas gastas.

Batalhas de lanças? Uma modalidade da qual o índio, por certo nunca ouvira falar...

Escritos em táboas que estavam pregadas nos arvoredos, constavam os nomes de alguns oficiais conhecidos do comandante daqueles revoltosos brancaleones pobres e poucos. E nos muros, pintadas as frases: " Viva Júlio de Castilhos!", "Viva a Legalidade!".

As residências antes alegres assemelhavam-se a sepúlcros. O fogo-de-chão diante do qual se contavam as histórias, permanecia apagado. As aves não cantavam mais nos arvoredos, acostumadas que estavam a pousar nas ramadas debaixo de onde carreteiros e tropeiros faziam a sesta. Local em que os gaúchos não discutiam senão a bondade dos campos, a beleza e a gordura do gado e principalmente a corrida dos cavalos ligeiros...

Os componentes do grupo do circo, chegaram ao pé do gigantesco umbu — a árvore parecia abrigar a todos — para se apresentar ao comandante dos revoltosos daquele trecho.

Só ali deram conta da insignificância. Dez poucos e enfraquecidos homens. O chefe Uirá, o índio amazônico trapezista, o palhaço Benê Cambalhota, de histórias alegres e piadas. Arduino, o equilibrista, o bilheteiro Gordolento, sempre atrás de um bom prato de guisado de carneiro ou uma costela gorda no fogo. Simério, o domador, Satan, o engole-fogo e o negro retinto Esfigênio, magro, com quase um metro e noventa e outro tanto de magias e feitiçarias. Além de curador de animais; benzedor e mandingueiro. E por fim os três anões, Ascêncio, Tibúrcio e Tornado, "escadas" do palhaço Cambalhota. Tão envelhecidos e encharcados de bebidas como o chefe das graças, que juntos muito fizeram para alegrar as crianças dos recantos mais afastados do Brasil.

Os homens que sobraram do Gran Circo Aprigio, fariam parte das forças da cavalaria. E uma vez definida a colocação deles junto da tropa, logo ficaram cara a cara com o ídolo, pelo menos de Uirá: Angelo Dourado. Ele mesmo em carne e osso. O eminente médico baiano que havia se ligado tão intimamente à história rio-grandense-do-sul. Tornando-se — coronel do Exército Libertador.

O naco de pão de farinha-rolão caiu das mãos de Uirá diante do mito dos pampas. Quem estava sentado se ergueu respeitosamente. Em pessoa, Angelo Dourado a luz do lampeão parecia uma estátua, dentro do poncho de lã enfiado pelo pescoço.

Doutor da coluna do general Gumercindo Saraiva, na guerra civil que havia sido iniciada naquele ano de 1893. Angelo Dourado era radicado em Bagé. Bem casado, pai de vários filhos e que tinha alcançado posição saliente na sua comunidade, tanto que integrara a primeira junta governativa do município, após a proclamação da República.

Porém, ali, a luta pelo poder, entre 1891 e 1892, alcançou violência sem limite. E na fervura das paixões partidárias, o médico baiano, alinhado na oposição, se viu alvo de grandes ameaças e foi obrigado a emigrar para Melo, no Uruguai. Onde só voltou em julho de 1893, acompanhando as forças da segunda invasão dos "maragatos".

Dai em diante o coronel-médico das forças de Gumercindo Saraiva se associaria aos destinos da Revolução Federalista, em seus transitórios sucessos e fracassos...

Um incêndio de grandes proporções mandava às núvens sua torre de fumo muito mais alto que o tronco de jacarandá. Assim era natural que as aves fugissem. Além do que, aqueles que ali estavam não eram os mesmos homens que preparavam os campos onde as cearas verdejantes exalavam perfumes que levavam aos ares, produziam grãos que elas se alimentavam. Estes agora — representavam os senhores da guerra — deixavam somente cadáveres insepultos que apodreciam o ar.

Os revoltosos, os "maragatos", tinham parado na coxilha, junto a ruínas de missões, enquanto se formavam os piquetes para a exploração do terreno. O inimigo estava próximo, talvez para as bandas da velha figueira e era preciso localizá-lo. O comandante percorria a coluna lentamente estudando as fisionomias, cada gesto por mais simples, era observado. Depois da marcha poderia se notar alguma contrariedade, algum desânimo e queria conhecer um por um todos aqueles em companhia dos quais iria jogar a vida.

Angelo Dourado passeou o olhar e gostou do exame. Nenhuma feição contrariada, nem gestos de desconforto também no punhado de novos abnegados. Humildes entre jovens e idosos. Alguns sem a menor expressão de guerrilheiro, andarengos quase nús, desarmados, traziam bandeirolas presas em madeira para fingir lanças...

O frio era intenso, os olhares de coragem ou não dos homens fixaram-se no solo da pátria gaúcha, onde só poderiam viver dali em diante, matando. Numa guerra de irmãos contra irmãos...

Os matungos demoraram um pouco mais, entre eles alguns capengas. Os diversos grupos foram se juntando logo após a apresentação ao comandante. Notadamente o lento grupo do circo, com exceção do índio Uirá, composto de velhos, gordos e anões que davam dois ou três passos para compensar na marcha.

Foi sugerido um toque de clarim saudando os novos voluntários da pátria, as levas de recém-chegados que aderiram a causa, mas o inimigo poderia estar mais perto do que o previsto e era preciso descobrí-lo, não denunciar a presença dos revoltosos. Por isso a idéia da cornetada morreu ali...

—O homem deve saber. —Comentou Uirá com os companheiros.— Não se ensina padre a rezar missa!...

Nesse tipo de batalha raro é aquele que não veste luto. E o que não tem para narrar, um crime perpetuado por soldados tanto de um lado quanto de outro. Morte, incêndio, destruição, estupro, eram coisas comuns e que se praticavam entre irmãos.

Pobre pátria. Os laços que a conservavam em equilíbrio eram despedaçados como as lonas do Gran Circo Aprigio e nesse declive medonho onde todos iriam parar?...

As passagens das tropas pelos vilarejos eram sempre prejudiciais. Não bastassem os estúpidos capazes de destruir um simples rancho que poderia abrigá-los em uma noite de tormenta, para poderem ter fogo que aquecesse a água para o chimarrão, existiam ainda os problemas causados pelas bebidas alcoólicas. Por maior que fosse e vigilância dos chefes, não deixavam de comercializar bebidas onde a embriaguês de muitos causavam atos repugnantes.

Não há muito, um ordenança do general Salgado (comandante-chefe do movimento revolucionário), havia se embriagado e passando por uma casa modesta tentou violentar uma moça. O general ato contínuo mandou-o nas estacas onde iriam fuzilá-lo, Mas antes disso fez vir a vítima a sua presença. Uma criança ainda. O médico da tropa, Angelo Dourado foi o encarregado de examiná-la. Por sorte do ordenança o doutor não encontrou nada que indicasse o crime. Ou ao menos a tentativa dele. O que haveria afinal? Seria essa criança tão perversa que chegasse a imaginar coisa tão horripilante? Ou a vítima verdadeira era outra, que mandou-a para ser examinada em seu lugar a fim de não se mostrar ou ser reconhecida, por vergonha?

Em todo caso o doutor cumpriu seu dever. Uma vez nada comprovado não haveria motivo para a punição. O comandante mandou libertar o ordenança. O soldado salvou-se por milagre do pelotão de fuzilamento...

O manto da noite desceu de vez sobre a tropa cansada. O comandante Angelo Dourado, na barraca junto do tronco do cinamomo, ajeitou um punhado de roupas a guisa de travesseiro e passou a lembrar seu encontro pela primeira vez em Melo, no Uruguai. Com o superior, general Gumercindo Saraiva, quando na agitação revolucionária lhe procurou. Conversaram muito num galpão pestilento de casa-grande abandonada e finalmente Gumercindo Saraiva perguntou-lhe com que elementos contava para a luta. Angelo Dourado foi franco:

—Com o nosso direito despresado e com a nossa vontade a que esse direito sirva de couraça.

—Você não sabe o que é uma guerra contra o governo que tem tudo. —Acrescentou Gumercindo Saraiva ofegante, voz presa. —Armas, munições e dinheiro. E o dinheiro facilmente compra adeptos...

—Compráveis! — Voz alterada, vociferou Angelo Dourado. — Sua observação saiu com o timbre de otimismo, com firmesa e decisão.

—Sim, mas estes são muitos. Observou dramático Gumercindo Saraiva. — Eu tenho prática disso, enquanto o doutor cuidava de pacíficos pacientes, minha vida se resumiu em batalhas.Tenho passado quase toda a minha vida tomando parte em lutas. O povo se levanta, mas o governo tenta abatê-lo por todos os modos, não deixando-o respirar...

# A disciplina

Algumas estrelas ainda insistiam em cintilar na noite que estava indo embora e as únicas vozes claras eram produzidas pelos grilos. Cães ladravam em ruas longínquas e um galo cantava muito distante num tom abafado, indefinido.

O vento assoprava cortando mãos calosas, enquanto os bravos chapinhavam em água podre e lama, atravessando matas de grápias, cabriúvas e canelas. A tropa estropiada, como sempre composta de figuras importantes, estancieiros, capatazes de estâncias à gente de poucas letras e pé-rapados...

A admiração que Uirá tinha por Angelo Dourado, Angelo Dourado possuia por Gumercindo Saraiva, o primeiro a lutar no solo rio-grandense. Batalhou em Salsinho, Minuano, Dom

Pedrito, Santa Ana, Bagé, Alegrete, Jararaca, Inhandui, Upamaroti, Bagé, São Sepé, chegando em Serrilhada. Salvando assim a revolução e mostrando-se herói em todos os seus atos.

Para Angelo Dourado, Gumercindo Saraiva era o salvador...

A maior parte dos "maragatos" havia largado a junta de bois e arado. Eram do campo e estavam acampados nas taperas. Em quartos acanhados servidos por móveis de caixotes vazios de sabão, por sobre chão de terra batida, na margem do Santa Marina quando chegou o coronel Severino Brasil. Avisando que Gumercindo Saraiva se encontrava no quartel do general Salgado e que viria visitá-los, ainda que rapidamente.

Nem por isso houve corre-corre. Apenas derrubaram a garrafa que mantinha um toco de vela no gargalo. Aguardaram a importante visita na forma mais simples, tendo apenas sido providenciado um pouco de café...

Não demorou para surgir sob aplausos e risadas a figura de Gumercindo Saraiva no seu vistoso cavalo fogoso — o zaino negro e luzidío. O homem portava fisionomia triste. Vestia longo sobretudo com gola de pele por baixo, camisa surrada de lã. Ia demorar-se pouco, segundo suas próprias palavras.

A assistência permanecia imóvel. Os mais nervosos sonhavam com um trago de conhaque ao avistar de perto o homem mal vestido, tanto quanto eles. E que já tinha passado por momentos piores, ao ponto de não ter no corpo senão bombacha e o poncho-pala...

Esse homem era incontestavelmente o maior elemento com que podia contar a revolução. Ativo, simples, misturando-se com seus companheiros em todos os momentos — ele só era chefe para cuidá-los, para salvá-los no perigo e para levá-los à vitória.

Costumava dizer, as pessoas que saem de suas casas para empunhar armas pela pátria — só podem ser mandadas pelos seus iguais em hábitos e costumes. Quem tenta a um exército de patriotas, dar disciplina militar, ficará sem exército e sem disciplina...

Gumercindo Saraiva deu curta parada. Tinha passado apenas para conversa rápida com Angelo Dourado e animar a tropa armada de muita coragem e esperança. Sabia que o revolucionário é sempre pobre, suas armas são poucas e más.

A visita de fato não demorou. Os presentes tiraram seus chapéus saudando o comandante e os mais íntimos promoveram saraivada de abraços e bate-costas, na confraternização. Ao retirar-se, Angelo Dourado ergueu-lhe vivas e aqueles que ali se encontravam corresponderam com entusiasmo.

Uirá comentou com os amigos:

—Quem mexe o angu sabe a dureza!...

A tropa tinha sido engrossada. Cada vez era maior o número de adesões. E as marchas dali em diante teriam que ser de comum acordo com as instruções de Gumercindo Saraiva. Achando Angelo Dourado que se o general Salgado não tivesse nenhum contratempo com Gumercindo Saraiva, nada mais impediria a vitória que estaria próxima...

A tropa sob o comando de Angelo Dourado partiu rapidamente alcançando Caçapava e ultrapassando-a, com o inimigo querendo mantê-los num círculo. À retaguarda da tropa, além de Caçapava, estava a estrada de ferro que passava pelo rio Pardo e o Jacui navegável até Cachoeira. Dali facilmente poderiam aqueles que viessem de Porto Alegre flanqueá-los pela esquerda. Procurando flanqueá-los pela direita achava-se a divisão do norte, gente do senador Pinheiro Machado, único adversário de prestígio na região serrana, mas autor ou consentidor de crimes dos mais horrorosos que ali se deram.

Na coxilha de São Sebastião, na frente da tropa de Angelo Dourado estava o general Bacelar com forças de linha. Na frente a direita encontrava-se São Gabriel com a guarnição de linha da cidade, com artilharia e as forças do Dr. Fernando Abott e coronel Portugal. Além de tudo isso a tropa tinha que lutar contra a topografia do terreno: serros pedregosos, pequenos ribeirões e banhados. E nas marchas encontrando sempre vestígios recentes de piquetes inimigos...

Nas marchas e contra-marchas, enfrentando frio e adversários que não davam tréguas, implacáveis, não demoraram muito para ter ocasião também de ver a execução das leis revolucionárias no que dizia a disciplina: como Gumercindo Saraiva exigia e impunha o respeito às famílias!

O que causou espanto e temor na tropa ali sediada...

À noite, dois dos companheiros, jovens ainda, sairam às escondidas do acampamento e partiram em direção de uma casa modesta. Sorrateiramente na escuridão até atingirem a porta onde começaram a dar pontapés e insistir para que a abrissem. Aos gritos, a fim de causar pânico, no silêncio quando todos deveriam estar repousando. O modo da insistência não indicava outra coisa: má intenção.

Por azar deles ali pernoitavam alguns oficiais que rapidamente abriram a porta e os prenderam...

Um deles havia sido criado pelo próprio Gumercindo Saraiva, que muito o estimava e em pranto foi curto e grosso: o condenou a morte...

O ambiente passou a ser o pior possível. A cena comoveu a todos. Alguns não acreditavam no que viam. Tamanho foi o mal estar do ex-palhaço Cambalhota com a cenas aterradora, que sacudiu a cabeça e arrepiou-se todo, fechando os olhos, até atirar longe o pensamento...

Ao desfilar em frente dos cadáveres dos rapazes que sairam à noite abandonando a tropa a procura de assalto, bebida ou mulheres para violentar, o velho guerreiro Gumercindo Saraiva ainda mandou a tropa olhar bem. E falou demoradamente aos companheiros, do valor da disciplina e do respeito. Mostrando-lhes os corpos, daqueles que não teriam mais a honra de enfrentar o inimigo e que ali ficariam mortos ingloriamente e infamados pelo mau comportamento.

Logo ele, Gumercindo Saraiva que defendia a tese de que não se devia dar disciplina militar a tropa de revolucionários, teve que tomar aquela medida exemplar, extrema, para manter a ordem. Caso contrário, iriam alegar que o comandante protegera o filho de criação...

O pessoal do circo engoliu em seco, admirado do rigor pela moralidade. Comentavam uns com os outros (em tom baixo) que nunca pensavam serem os revolucionários tão severos em sua disciplina.

—Não poderia ter havido precipitação do comandante, com os-os-os jovens que ainda não estavam com a idade de assen-assen-assentar a cabeça? — Perguntou Cambalhota, gaguejando para Uirá e pequeno grupo. —Dando prosseguimento no seu raciocínio. —Aqueles dois jovens não esta-esta-estariam apenas saudosos de uma ***caña***, dos bailes, dos sapateados da chimarrita-balão ou das qua-qua-quadrilhas românticas das polcas da meia-***caña***? Afinal não haviam con-con-consumado o crime...

Ninguem levou a sério as palavras do ex-palhaço. Benê Cambalhota arrastando as alpargatas, mais gago do que nunca, andava atarantado vagando feito fantasma. Louco para dar uma saída às escondidas de tanta vontade de tomar vinho, ***caña***, conhaque ou simples licor-de-moça. Por isso tentava justificar o ato impensado dos moços afoitos.

Um dos componentes da tropa revolucionária estropiada, alongou o braço a fim de puxar a brasa de esterco seco de vaca, para junto da lata de água para preparar o chimarrão. Homens rudes que faziam do cavalo seu rancho e dos arreios a cama. Comentários, poucos.

A velha figueira sombreava a todos. Como não consideraram as observações de Cambalhota, ao velho e decadente palhaço que andava meio maluco, só restou cantar em tom baixo quase só para ele. Saiu trovando quadrilha popular, dessas que não se sabe quem cantou primeiro nos pampas:

— "Eu sou mais do que Deus,
maior do que Deus eu sou:
eu sou maior no pecado,
porque Deus nunca pecou!"...

## O amor

O poncho da noite já começava a encobrir a todos no lugarejo semi-abandonado de poucos salsos e corticeiras além de único umbu ramalhudo. Onde a valentia dos revoltosos tinha feito as tropas do governo regredirem. Pelas paredes de pedras caiadas, esburacadas por tiros, das velhas casas emparedadas de taipa. Algumas inscrições prós e contras mostravam os tipos que por ali passaram :

"Morra o general Salgado!", "Viva a legalidade!", "Morra Júlio de Castilhos !", "Viva a liberdade!". Uma delas, assinada até por um tal soldado Matias, em letras mais caprichadas, maiores, vistosas de um branco puro, sobressaia das demais. A mensagem escrita não se referia às batalhas, nem a seus comandantes. O espirituoso ofendia o lugar chamando seus habitantes de chifrudos:

"No dia em que chover argola nesta cidade, não chega uma no chão "...

A frase humorística, um fato isolado, porque a tristeza dominava o ambiente. Dos prisioneiros governistas, um foi liberado. Peão cansado de rodeios e tropeadas, que o destino vestiu de soldado por acaso. O homem seguiria com a mensagem do comandante Angelo Dourado, junto do fogo-de-chão, no carnear de ovelhas para a tropa e o mate correndo solto:

—Diga lá a seus amigos, que aqueles que aqui se encontram não são bandidos nem estrangeiros. E nem defendem suas idéias por amor às arrecadações do erário público. Se alguma coisa fazem que não seja da lei da guerra, é porque tem que fazer justiça por suas próprias mãos. Já que a justiça escrita nos códigos das nações civilizadas, é interpretada pelos juizes de vocês de modo que ao invés de serem punidos os criminosos, aguça ainda mais o desejo do crime nestes, punindo as vítimas que reclamam!...

Barriga cheia, o prisioneiro "chimango" ajeitou a guaiaca e o lenço, cobriu-se com o poncho também cedido por Angelo Dourado. Alisou o chapéu. Mandou o último gole de chimarrão, montou no cavalo tordilho e sumiu sem despedidas...

O comandante Angelo Dourado, no antigo paiol de milho junto a luz de candieiro aos cacos, teve finalmente momento de descanso. Tirou a adaga da bombacha, afastou com o pé um bau bolorento de remédios. Tudo por ali era só mofo. Ajeitou o caixote no qual fez mesa, e pôs-se a escrever o diário que talvez um dia pudesse ser lido pela esposa. Ela se encontrava com os filhos no Uruguai:

"Que coisa estranha é essa de dizer-se: marchamos para a morte! Os semblantes não se alteram, ao contrário, parece que todos se alegram. Será porque o fatalismo nos convença de que a nossa hora não é chegada e portanto não teremos que morrer, ou porque o homem que se atira a esta luta de mártires-heróis, sente prazer em dizer que morreu pela honra da pátria?

Não sei. Sei porém, que, na marcha acelerada que vinhamos fazendo para enfrentar o inimigo, eu não pensava em mim, pensava em ti, minha pobre amiga e no futuro de nossos filhos...

O que será de ti? E minhas filhas? A minha pobre Chiquinha que tanto precisa de uma educação forte.

Perdoa-me se algum dia te chegarem às mãos estas linhas, se em frente ao perigo, eu te abandonei por amor de uma utopia. É em frente ao perigo que a razão julga com rapidez, e a minha razão não me acusa por ter te abandonado pelo martírio, pelo sacrifício e pela morte, talvez...

Se por acaso, eu te abandonasse por prazer, por vaidade, te juro que no primeiro momento, achando-me senhor de mim, pensando no meu crime faria saltar os miolos que não funcionaram com regularidade para mostrar-me que te maltratar, para prazer meu, não cometia somente um crime, mas um sacrilégio.

O que sofro porém, me é agradável porque diz-me que me coloco em nível acima do comum dos homens, que sou dígno de minha pátria, que te mereço e que meu nome será uma herança dígna para meus filhos, se eles souberem compreender os deveres do cidadão que não pode viver na humilhação do escravo ou no terreno dos mercenários.

E minha mãe! A minha pobre Laura! Os meus irmãos, os meus amigos!

Tão longe estão! Mas neste momento extremo a todos envio um pensamento cheio de saudades "...

As palavras foram suspensas por Angelo Dourado ao ouvir os primeiros tiros das guerrilhas da vanguarda. Comandava-as Aparício Saraiva, irmão de Gumercindo, que tinha ido plantar seu estandarte em frente ao inimigo. Ao sumir-se o sol calou-se o tiroteio, cada qual guardando suas posições.

Angelo Dourado esteve ainda em diversos pontos de guardas e só ao anoitecer profundo procurou a barraca armada no meio do campo, onde derramava-se a luz de luar esplêndido e iniciava a cair penetrante geada...

Sob a luz fraca do lampeão, tendo a cabeça apoiada em trapos sujos e o corpo coberto pela capa gaúcha longa, o comandante pôs-se a lembrar outra vez da sua amada, a querida esposa, sua musa inspiradora. E surgiam os versos que haviam sido feitos no início do romance de sua vida. Mostrava além de tudo, que o revolucionário apesar da luta dura não perdia a sensibilidade :

"Se um dia em teu leito mais branco que a neve,
Com a face apoiada no teu travesseiro
Ouvires no ar passando de leve
Um brando suspiro, da dor mensageiro,
Criança, não tremas, não tremas de medo
—Sou eu que saudoso vou ver-te em segredo.

Se adormecida, tu vires no sonho
Por entre as cortinas surgindo medroso
Um pálido rosto de aspecto tristonho
Fitando-te, oh virgem, sutil cauteloso,
Criança, não tremas, não tremas de medo
—Sou eu que saudoso te fito em segredo.

E se nessas noites de meigo luar
Fitares a lua, a virgem do céu,
Se alguma núvem por ela passar
E a sombra envolver-te como um negro véu,
Criança não fujas, não fujas de medo
—Sou eu que saudoso te abraço em segredo.

Se acaso, no jardim, sentares sonhando
Com teu pensamento baixinho a falar,
Se um colibri junto a ti voando
Os lábios de rosa chegar-te a beijar,
Criança, não cores, não cores de pejo
—Sou eu que ousado te roubo esse beijo".

## O imprevisto

No rio de águas mansas as capivaras nadavam sem se preocuparem com a guerra dos homens. Muitas famílias com seus filhotes, brincando de mergulhar.

O toque de alvorada no acampamento junto das margens, provocava nos revolucionários a alegria de poder abandonar o pedaço de chão onde durante a escuridão, o corpo ficou inerte. E encolhido pelo frio.

Os homens a maneira que iam levantando-se eram convidados a churrasquear a carne oleosa do maior roedor do mundo, ali em abundância só saindo da água para atacar as roças de milho.

De alimentos a pequena patrulha tinha ainda dois litros de feijão, algum toicinho, pedaços de queijo duro, biscoitos e mel. Além de poucas barras de rapadura. Sem contar abóboras, pinhões e espigas de milho verde que encontrariam na cavalgada. E para matar pernilongos, juntando de todos daria mais de meio metro de fumo em corda, para pitar.

A primeira saída do pessoal do circo, para entrar em contato com o inimigo tinha tudo para ser desastrosa. A partir da pequena tropa inexperiente. O piquete de exploração — que fatalmente acabaria encontrando inimigos pela frente — iniciou a marcha com gente que nunca tinha visto um canhão (Uirá e companheiros) e cinco ou seis marinheiros que se apresentaram na mesma ocasião como recrutas e que não conheciam sequer bois e vacas...

E justamente um dos pontos da expedição, era averiguar se havia algum movimento de tropas que indicasse a presença do famoso canhão Krupp, nas imediações, conforme insistentes boatos.

Antes de sair, apagaram rapidamente o fogo-de-chão onde os pingos caiam do churrasco, não por causa dos relâmpagos e trovões ameaçadores, mas por ordens severas do tenente que tinha pressa. Logo todos estavam montados e segurando suas lanças alguns, outros, portando armas de fogo.

—A morte, é a liberdade para quem não pode viver escravo! — Lançou em voz alta aos que participariam da primeira investida pelos campos de batalha, o tenente encarregado de comandá-los.

Uma hora depois cavalgavam sem o menor sinal de inimigos. Os caminhos horríveis. Ladeiras íngremes que pareciam levar ao céu, sem nunca sairem do inferno da revolução, onde toda atenção era pouca. Qualquer descuido poderia ser fatal.

Não demoraram muito mais para avistarem o que os esperava. Cenas que até ali só tinham ouvido falar. Cadáveres insepultos, sepulturas rasas e pelas ruas que davam até a única praça do modesto vilarejo, corpos estendidos às vistas de todos. Dos bravos "maragatos" que defenderam a cidadezinha com tanto valor, dos saques e estupros, promovidos pela soldadesca ensandecida.

Tudo por terem idéias revolucionárias...

As tropas da legalidade não sepultavam os cadáveres dos inimigos. Pelo contrário, desenterravam-nos para servirem de pasto a abutres a fim de causar pânico junto da população. Procuravam usar a tática do pavor para evitar colaboracionistas.

Numa passada de olhos, Uirá notou que uma das sepulturas improvisadas era tão rasa, que a pequena camada de terra que a cobria, mostrava todos os relevos do corpo humano. Uma outra mais ao lado, num pequeno buraco, tinham lançado o cadáver e nem ao menos procuraram cobrir. Deixaram a terra do lado de fora...

Os mortos que os soldados sepultaram às pressas estavam todos remexidos por urubus, nas ruas e na beira da estrada. Um dos infelizes, fora sepultado vivo, Porque depois vencendo a grossa camada de terra que o cobria, morrera agarrando-se às raizes próximas sem conseguir arrancar-se da vala.

Prova mais do que evidente, de que os legalistas matavam prisioneiros e estropiados que não podiam marchar; os feridos. Embora muitos não dessem crédito a tanta desumanidade, o cadáver, cuja posição todos ali verificaram, deixou o espírito enclinado a crer ser verdade o que se dizia...

O único vivo, um emissário ferido que escondera-se durante a invasão do lugarejo pelas tropas do governo, correu até junto dos revolucionários. Um caboclo que foi logo contando que próximo dali havia "chimangos". Parte das tropas governamentais retardatárias estavam acampadas para descanso. E se não fisessem barulho denunciador, poderiam ainda pegá-los de surpresa.

O imprevisto exigiu mudanças rápidas nos planos. Ao invés de simples sondagem de terreno, estava ali a oportunidade de entrarem imediatamente em combate, para adquirirem experiência. Sem um toque de clarim e sem muito movimento, o tenente organizou o pessoal dando algumas instruções básicas. Não tinham tempo a perder. A surpresa seria a arma principal e o alvo a tropa em repouso, certo de que tinham eliminados todas as forças da cidade.

O tenente contava ainda com a fama dos lanceiros revolucionários. Se as tropas do governo tinham as bocas de fogo Krupp — os lendários canhões importados da Alemanha, por outro lado temiam os cavaleiros que portavam lanças, do lado da Revolução da Liberdade...

Não tiveram nem tempo para pensar. Apesar de poucos teriam que arriscar e foi o que fizeram sem mais demora, encurralando o surpreso inimigo, que ocupava o alto do morro. Apesar do local privilegiado, só o toque do clarim insentivando a carga de lanceiros, abalou os legalistas, que olhavam para baixo e só viam o mato a se mexer. Aproximando-se e com ele o pavor.

Uirá, Benê Cambalhota, Simério, Esfigênio, Arduino, Satan, Gordolento juntamente com outros recrutas ocupavam as baixadas diversas. Atiradores então mal se posicionavam, já partiam para o tiroteio desnorteando o inimigos no cerrado fogo que parecia vir de todos os lados. Com a ensistência do tenente para que o sargento corneteiro não parasse com os toques de clarim.

Quando a cavalaria não podia operar, no declive, os homens apeavam dos animais sem parar o rítmo do ataque, sem modificar a ação passavam a atacar a pé. Em alguns locais era quase impossivel subir a cavalo, sem cair pela garupa do animal.

Teoricamente os atacantes eram insuficientes para levar um ataque à arma branca por isso a batalha prometia ser prolongada. Mas o ardor daqueles recrutas era ferrenho, a vontade dos que lutavam pela primeira vez superou todas as regras e teorias de guerra. Tanto que depois de algumas horas as tropas do governo começaram a debandar julgando tratar-se de muitos lanceiros. Alguns retardatários teimosamente mantinham-se aidsa nas posições o que provocava marchas e contra-marchas como estratégia. Soldados indo e vindo pelas linhas de fogo. Toques de clarim, brados e correrias. Mas o fato era que o inimigo da revolução recuava desorientado, apavorado julgando que atrás deles vinha uma multidão...

Depois de posições perdidas e recuperadas, com mais feridos e mortos do lado inimigo, as tropas revolucionárias acabaram desalojando de vez os inimigos da sua posição privilegiada, no topo do morro...

Como sempre, ao fugir, os soldados do governo deixaram vários fardos contendo munição e víveres entre outros materiais de campanha. E dessa vez deixaram algo mais para surpresa dos revolucionários. Ficaram também vários homens com as mão amarradas. Figuras de proa, de destaque da cidadezinha, como prefeito, o juiz de paz, o farmacêutico etc simpáticos à causa da revolução. E que provavelmente seriam eliminados depois de interrogados.

O tenente foi orientando o sargento, o sargento o cabo e este repassando as missões aos soldados, em breve tempo todos preparavam-se para voltar.

—Do tal de Krupp, nem sombra. Onde será que meteram o maldito?

O outro deu graças a Deus por não terem encontrado a maldição:

—Não foi desta vez que vimos a tão falada fera, de perto. Só escutei seu estrondo uma vez e assim mesmo bem de longe. Mas não aqui...

Comentavam os guerrilheiros no serviço de enterrar os corpos, amparar feridos, assim como recolher a tralha às pressas. E principalmente dar assistência aos prisioneiros que uma vez libertados não sabiam como agradecer. Pulavam de tanta alegria, sabendo que quando presos: as facas afiadas não demoravam muito para cair sobre seus pescoços.

Mais algumas horas e a tropa federalista, que de tropa não tinha nada, não passava de patrulha inexperiente, um grupo de bisonhos "maragatos", no regresso entrava no lugarejo na calada da noite. Trazendo os importantes heróis, que seriam soltos nas ruas e na principal e única praça, para alegria de amigos e familiares, que já os consideravam perdidos. Conheciam a fama da degola legalista.

A pequena cidade dormia apesar da preocupação e pesar. Logo que viram as casas os ex-prisioneiros começaram a gritar desesperadamente chamando pelos queridos filhos, pais, mães e esposas. Parentes e amigos, numa balbúrdia incrível.

Para por mais fogo ainda, já que todos faziam barulho querendo chamar atenção daquela gente apavorada que dormia com portas e janelas trancadas, Cambalhota teve a idéia de amarrar na cauda de um burro chucro e de uma égua — dos vários animais que tomaram dos inimigos — latas vazias de querozene e soltou-os ladeira abaixo no vilarejo, até então em silêncio, profundo.

Uns tiros para o ar e os animais dispararam, com as latas batendo nas pedras e no chão fazendo barulho infernal. Os gritos dos que assistiam produziam efeitos desejados, porém chamou mais a atenção dos moradores do que o palhaço esperava com a brincadeira.

Enquanto os ex-prisioneiros gritavam de alegria em direção às portas de suas casas, para despertar a todos avisando-os que os valentes estavam de volta.

Com a escuridão da noite, os moradores (na maioria, velhos, mulheres e crianças), sustentaram violento tiroteio contra os animais. Enquanto Cambalhota por sua vez gritava que apostava na égua tordilha. Que depois de ter descido a ladeira com rapidez, voltara por uma rua de poucas casas e já seguia em direção a outra...

—Os mo-mo-moradores, devem ter da-da-dado centenas de tiros nos ani-ani-animais em disparada! — Gaguejou alegre

Cambalhota já no acampamento, quando Uirá e companheiros preparavam-se para o devido descanso.

Mas ainda tiveram de ouvir a voz do tenente da patrulha heróica, que parecia não descansar. O militar elogiou o espírito de luta, o trabalho esforçado da tropa que saindo para simples averiguação de terreno, combateu com coragem e competência. E que apesar de poucos e sem prática de luta, fizeram muitos soldados profissionais correrem.

—Porém, não se alegrem muito se iludam. O inimigo desta vez bateu em retirada porque foi pego de surpresa. Mas tem uma coisa que vocês precisam saber, ele possue artilharia pesada e ela ainda não funcionou. Os "chimangos" ainda vão nos chamar para um terreno mais apropriado a fim de por a prova, tanto a sua arma maior, como nossa valentia, mais uma vez...

—Pelo amor de Deus, não vai o homem, fa-fa-falar nesse tal de Krupp. O monstro de mil bocas que a gente nu-nu-nunca vê... — Comentou baixo Cambalhota em direção de Uirá...

A equipe do circo tinha saído com o toque da alvorada e três ou quatro dias depois voltava com o toque de silêncio. Que no acampamento era lúgubre demais. As notas da música, graves, prolongadas, imitavam o vento minuano que passava pelas grutas e campos e se perdia nas folhagens das florestas virgens.

## A retirada

Com as últimas vibrações das notas dos clarins perdendo-se ao longe estabeleceu-se o silêncio.

A noite ficou quase sem ruido que a perturbasse. Parecia dormir também. Calma profunda nas matas onde adormeciam os guerreiros que durante o dia lutaram como tigres-loucos e em vão. Apenas de vez em quando um gemido dos feridos. Um deles ao sumir-se o sol adormecera eternamente...

A luta na frente de batalha fora encarniçada. Tão mortífera, que ao terminá-la não houve festa, comemorações, nem as vibrações de alegria das primeiras participações. Novas posições haviam sido conquistadas e mais uma vez com a colaboração da equipe do circo. Que quanto mais combatia, melhor ficava.

A batalha fora toda de cargas de lanças, entre cavalos relinchando, gritos e pragas. E agora sem contentamento, apenas a consciência do dever cumprido, porque a Revolução da Liberdade continuava viva.

—O revolucionário amanhã terá que esquecer os perigos de ontem, porque novos e maiores o ameaça. — Reforçou o oficial com insistência.

O lema era lutar, lutar sempre até a vitória final...

Cabisbaixos, os revolucionários foram deixando as posições conquistadas. Recuavam por que, afinal? Por não ter quem garantisse a posse de território conseguido com sangue, suor e lágrimas? Ou para poupá-los, porque previam um ataque fulminante, maciço, na retaguarda? Os cavaleiros e suas lânças não sabiam. Quem entendia de táticas e estratégias eram os oficiais. Soldados, fossem de um lado ou de outro, só cumpriam ordens e não opinavam.

Na verdade, toda a confusão foi proveniente de uma desinteligência entre Guerreiro Vitória e Aparício Saraiva, que lutavam energicamente contra as forças dos generais Lima e Pinheiro Machado. A desavença dera em resultado o inimigo entrar na cidade...

Esquemas de guerra eram coisas que Uirá e seus companheiros jamais iriam entender. Só sabiam de uma, depois de tanto sacrifício, dor, suor e frio, receberam instruções de fazer marchar os feridos, em retirada. Teriam de abandonar a posição que tinham conseguido tão duramente. Com desmedido sacrifício. Perdendo-se assim também todoo heroisno dedicado.

Causara profundo pesar no seio "maragato", o fato da tropa revolucionária ter que abandonar companheiros feridos em território inimigo. Alguns feridos pediam que os matassem, a deixá-los para serem mutilados pelos homens da legalidade, Mas ninguem concordou com a medida. E apesar do esforço e sacrifício, tanto os muito feridos como aqueles mais ou menos machucados, todos foram resgatados. Seguiram juntos. Não ficando ninguem a mercê da sanha inimiga dos "chimangos". O que dobrou a luta na marcha para trás.

Segundo alguns oficiais, as forças que levaram para atacar eram poucas — como sempre — e com as baixas, se tornaram menores ainda. E mais uma vez haviam informado que os republicanos não possuiam artilharia por lá, o que não aconteceu. Perderam-se muitas vidas, tempo e munição debaixo de fogo contínuo de fuzis e metralhadoras. Só não estavam portando o famigerado e temido canhão Krupp. Monstro de mil bocas de fogo com mortífero efeito...

Muito pior fora a volta. No recúo, um dos oficiais tentou mudar o caminho e se perdera. Contava com o apoio de um bugre que resolveu fugir. Complicando tudo...

As cenas ainda permaneciam em suas cabeças. O inimigo achava-se na boca da picada, de onde havia trocado tiros com o piquete revolucionário. No dia anterior, tropas do Exército tinham passado com a artilharia em perseguição. Porém a artilharia retrocedeu ficando somente os piquetes que tiroteavam, nos desfiladeiros, banhados e excavações, com homens atravessando atoleiros cuja lama batia nos joelhos.

Carretas cheias de feridos também atoladas; gritos e lamentos. No início a retirada dos revolucionários havia sido desastrosa, quando conduziam feridos nos tiroteios que acabaram morrendo...

Os homens por má orientação do oficial encarregado, que por sua vez fora abandonado pelo guia, acabaram se desorientando nas matas. Com muita discussão a respeito do caminho certo. Veio a noite e a coisa piorou. A friagem, chegou sem que pudessem encontrar a estrada.

Escuridão chuvosa e um frio de gelar ossos. Quanto mais se esforçavam para encontrar o caminho, mais de se achavam perdidos. Ouviam sons que tudo indicava movimento de monjolos, julgando que fossem bugres ralando mandioca, procurando a direção tudo virava silêncio novamente. Só permanecendo a cantilena de sapos e rãs que se calava com a proximação dos homens exaustos pela caminhada.

Voltaram buscando orientar-se de novo, até avistarem numa clareira, luzes que pareciam sair pelas janelas de uma casa. Correram para lá e nova decepção, cairam num pântano onde ficaram com lama pelo pescoço. As luzes que viram eram de vagalumes que aos milhares iluminavam o lodaçal profundo.

Extenuados, os homens prosseguiram como insetos tentando sair de uma teia de aranha. Pouco importando que pudessem encontrar as perigosas queixadas, os bandos de porcos-do-mato que batiam o queixo a noite inteira atrás de vítimas para estraçalhar. E mesmo onças que sabiam seguir a todos em silêncio, mas continuamente.

Até que finalmente cansados de rodar como peões, andando e saindo no mesmo lugar, encostaram numa árvore grande e pela manhã é que foram descobrindo a saída do imenso banhado que parecia nunca ter fim...

Estropiados, rasgados por espinhos e esfomeados, para saciar a fome qualquer coisa serviria no momento. Claro que prefeririam matar um porco gordo e fazer saborosa linguiça de suas carnes. Mas não esperaram duas vezes quando deram com a vaca leiteira morta por balas. (Provavelmente a que fornecia alimento às crianças e doentes). Já em carcassa. Quase toda descarnada. Nas carniças que outros deixaram, apanharam a cabeça do animal morto há dias, de onde tiraram restos de mocotó. Fizeram um caldão que deu para enganar o estômago vazio, a espera de algo por pior que fosse...

O alimento estava ruim, mas não de sabor pior do que o primeiro fracasso em que participara a equipe do circo. Não por culpa deles que lutaram bravamente. E sim por erros de comando.

## A barbárie

Em tempo de paz provavelmente estariam passando sobre a relva cercada de lírios e acácias perfumadas. Só o som estridente de grilos no chão e cigarras nas trepadeiras.

Atravessando bosques, prados, tendo nas árvores orquídeas rubras, lagos e imensas campinas verdejantes. Acompanhados de bandos de alegres aves multicores. E os homens por certo seriam domadores de potros, peões de estâncias, não guerrilheiros em marchas e contra-marchas como tinham sido até ali, a pisar cadáveres de cheiro nauseabundo...

E da aproximação do armistício nem sombra...

—Um dia se entregar para "chimangos"? Nem pensar...— Comentou Uirá com um dos companheiros da patrulha que faziam, Simério, que aventara essa hipótese. — Companheiros nossos que se entregaram às forças legalistas, ao invés de abraços, encontraram a faca degoladora...

—Eu digo num caso de extrema necessidade. Não é desonra nem traição. — Tentou corrigir o amigo.

—Negativo! Ban-ban-bandeira branca, jamais...— Procurou encerrar Benê Cambalhota. — Gaúcho "maragato" não se-se-se rende, tchê...

A palavra voltou para Uirá:

—Essa gente do governo não merece confiança. Não cumprem a palavra dada e quando alguem se entrega eles prosseguem na caçada degolando adversários desarmados...

Continuou o índio ajeitando-se sobre o cavalo ao mesmo tempo em que mexia na bolsa contendo medicamentos. Voz trêmula e olhar sinistro.

—Os legalistas não poupam mesmo a vida dos prisioneiros. — Confirmou outro viajante. — Assim como não poupam a dos feridos. Para não sofrerem morte lenta aqueles que, não podem prosseguir na batalha e conhecem a fama dos legalistas, só lhe resta pedir aos companheiros para matá-los. Já não vimos isso?...

—Ou eles mesmos devem por termo à própria vida, antes que o inimigo os apanhe. — Encerrou Satan.

Eram os flagelos da guerra civil entre republicanos e federalistas lembrados nu e cru.

Cada um dos homens contava uma história que conhecia ou que ouvira de outros no acampamento, sem diminuir o passo do animal.

Que as tropas do governo cometia os maiores crimes em nome da legalidade, não era novidade para ninguem por li. As maiores barbaridades jamais cometidas em qualquer guerra civil. Ao invadir aldeias aprisionavam camponeses, degolavam não só aqueles que achavam ser colaboradores da revolução, como também sacrificavam mulheres e inocentes e até crianças...

—Os soldados republicanos sentem prazer em cortar o pescoço dos inimigos — continuou um dos cavaleiros — e adoram também ver os cachorros disputarem a carne deles. Segundo alguns oficiais das tropas do governo, não há nada melhor para engordar cães e porcos do que carne humana. — Comentou Gordolento provocando não só a reabertura do assunto, como pondo mais lenha no fogo, sem recear que os amigos ficassem enojados com o tema.

Degolar, realmente era a especialidade de bandos de jagunços rio-grandenses-do-sul, que no fim de 1 800 pareciam viver na idade da pedra. Seus métodos com aqueles que aprisionavam, eram os mais bárbaros possíveis. Quando não decapitavam agiam de forma violenta. Mais de uma vez foram mostrados os horrores cometidos pelo Exército, na época.

Um dos cavaleiros até ali silencioso, resolveu meter a colher no assunto. Arduíno, pôs-se a relatar aos companheiros de armas, quando as tropas governamentais invadiarm a propriedade do coronel Ignácio Cortes, que lutou bravamente até morrer...

O federalista, corajoso revolucionário, tinha sido ferido em renhido combate contra as forças republicanas, quando estava juntamente com seu filho. Outro valente, o jovem capitão Cortes. Na batalha encontrava-se um oficial também capitão, noivo da filha do coronel, que se ocultara na casa de um parente.

Localizado, ameaçaram que arrasariam a casa onde estava ocultado, com dinamite, se ele não se entregasse. E nada lhe fariam se rendesse e dissesse onde se encontravam os outros dois. Em vista disso o capitão não só se entregou como revelou o esconderijo dos companheiros.

Aprisionados também, depois de muita luta, o coronel Ignácio Cortes e o filho capitão, foram separados. O comandante da tropa do governo convidou o rapaz a fazer parte das forças sob seu comando. Este negou-se. Deixaram-no então preso por muitos dias sem comer. No fim, troxeram-lhe costelas assadas que ele ia devorando com voracidade.

—De que são estas costelas? Perguntou um oficial republicanos.

—De carneiro. — Respondeu o jovem capitão extremamente esfomeado.

—Venha ver o carneiro! — Disse um dos oficiais, o maís sádico deles, mostrando-lhe o cadáver do pai, do qual tinham tirado as costelas.

Perto estava também o cadáver do delator, que pretendia ser seu cunhado.

O rapaz enfurecido apoderou-se de uma espada e sozinho enfrentou todos que o cercavam, até cair aos golpes mortais que lhe desferiram...

Esfigênio, não poderia deixar de participar da conversa na cavalgada, ao contar o caso que ouvira. Pois tinha acontecido com parentes seus no caminho da Palmeira, onde mostrava toda a ferocidade da gente de Júlio de Castilhos. Um monte de ossos humanos de pobres lavradores que se escondiam do conflito, no capão do Boi Preto.

Os republicanos obrigaram uma criança que sabia onde os homens estavam, a indicar-lhes o lugar. Surpreenderam e mataram um por um, duzentos e tantos, deixando-os insepultos. Tempos depois reuniram os ossos num monumento...

Mas o crioulo alto e magro como "espanador da lua" não teve tempo de iniciar o relato aos companheiros. Um toque do oficial que comandava a patrulha revolucionária, que saira para a vistoria na região — e sempre a procura de sinais do canhão Krupp — interrompeu o bate-papo.

Ele avistara inimigos próximos e resolvera cair em cima sem dar folga. Saindo todos em disparada com lanças em riste. Um deles quase caiu do animal, ao iniciar a investida.

—Baiano! — Gritaram alguns cavaleiros quase em coro. — Baiano, era a denominação dada a todo nortista e também a todos que não sabiam montar a cavalo. Aos corpos de infantaria, inclusive.

A patrulha do governo, pega de surpresa partira em disparada...para trás.

Julgando-se em situação de inferioridade numérica, novamente, resolveram fugir. Percebendo, o oficial federalista pediu a seus homens que caissem em cima de vez.

Constituindo-se o fato, na segunda vitória da turma do circo. Na fuga, a patrulha do governo deixou para trás mais de trinta mauzers e várias caixas de munição que transportavam.

# A batalha

—Corja!

Esfigênio fustigava com galho de arruda o rosto do homem caido, enquanto murmurava palavras desconexas. Ao lado, um balde pelo meio de água foi entornado pelo movimento brusco do benzedor, que logo passou a soltar risada sarcástica. Ajeitou na guaiaca o revólver de cabo bem trabalhado e pediu para o santo um trago de conhaque, por sinal sem parar a ladainha.

O curador acendeu o cigarro de palha, deu duas tragadas e seu olhar ficou mais louco ainda. Tão pocesso como os morcegos que se debatiam nas paredes em ruinas. Só parou de rezar quando as lágrimas rolaram molhando a palidez doentia do rosto...

Corpos jaziam por todos os lados do campo de batalha entre "chimangos" e "maragatos". Gritos gritos de dor e gemidos fracos dos que estavam desaparecendo. Desespero e agonia.

Poderia ser a repetição da batalha de Inhandui — uma carnificina, onde um pai pertencente às forças castilhistas, lanceou o filho, de 16 anos de idade, mais ou menos, pertencente às tropas revolucionarias.

Ferido mortalmente, ao cair reconheceu o pai, gritando-lhe que o tinha morto. O velho, reconhecendo toda a crueza do seu ato, atira-se do cavalo, abraça-se ao corpo do filho moribundo que já dificilmente articulava a frase:

—É meu pai...

Quando chegaram os homens de Angelo Dourado, julgando que aquele velho cometia a carnificina própria dos homens da legalidade castilhista, mataram-no à golpes de lança sob o corpo do filho agonizante que nos ultimos sopros de vida ainda tentava dizer:

—É meu pai...

O comandante lembrava-se bem da cena tétrica, naquelas poucas horas em que repousava agora numa velha casa entre uma figueira e uma timbaúva e não em barraca de campanha. Durante goles de chimarrão, passava sua vida em revista. Se é que se poderia chamar de casa aquele abafado galpão cheio de cacarecos e baus mofados, onde valor mesmo parecia ser o velho relógio de pêndulo... mas parado.

"Amanhã será o dia 27 de agosto de 1883, data em que começará importante batalha. Se vencermos, a luta continuará porque o governo tem bastante rebanhos do povo para mandar para o matadouro. Se perdermos, a revolução estará adormecida por muito tempo porque ela não cessará senão com a punição daqueles que a provocaram"...

Lápis em punho o comandante anotava tudo sem parar, no diário destinado à esposa:

"Difícil seria escrever o que é a véspera de importante batalha sobretudo numa guerra de irmãos, para aqueles que, sem recursos, sem meios, levam suas vidas como um protesto ante a tirania dos aviltadores de uma nacionalidade.

Os fogos em pouco serão apagados. Não se ouve aquele cantarolar de uns, o gargalhar de outros. Tudo torna-se severo, grave — só interrompe o tropel dos cavalos dos oficiais de ronda e o — quem vem lá — dos sentinelas. Pouco a pouco parece que tudo adormece; o silêncio ordenado estende-se melancólico sobre o punhado de heróis, cobertos de andrajos, aos quais a noite envolve com seu manto de luar e gelo.

Quase todos dormem: os homens sem imaginação adormecem descuidados até ante os espetáculos mais grandiosos. Aqueles que pensam, porém, não podem dormir. Se fecham os olhos ao presente, se fogem de pensar no futuro, a imaginação toma asas, aviva a memória e voa por esse céu do passado, ora risonho como a luz suave do sol matinal caindo sobre a campina florida, ora tempestuoso como os mares que o pampeiro açoita, ora triste e lúgubre como a perda de uma crença que se julgava única"...

Súbito Angelo Dourado pára. Alguns cavalos ficaram impacientes no pequeno pasto onde soltavam os animais cansados. A sua vanguarda já tiroteava. Marchavam para a batalha decisiva.

Teve tempo apenas para anotar, na última golfada de chimarrão junto ao fogo-de-chão:

"Que longa noite é esta em que te escrevo. Seguimos para a luta final — para a vitória ou para a morte. Adeus"...

Gumercindo Saraiva já havia combinado com general Salgado o plano da batalha. As tropas de Angelo Dourado tinham um pequeno ribeirão para passar, que oferecia grandes dificuldades por serem as barrancas muito avantajadas e marginadas por mato alto.

O general Salgado com suas forças deveriam passar no lugar onde havia uma pequena picada de lenha de fogo e madeiras de lei, e atacar o inimigo pelo lado do norte. Gumercindo Saraiva atacaria de flanco lado leste.

O inimigo ocupava o espinhaço da serra, com cheiro fresco de capim molhado, que se estendia do sul para o norte, caindo sobre o regato, como uma tangente, junto à picada aludida. Do lado leste havia paralelas de serros violentos que tornavam a marcha quase impraticável. Gumercindo Saraiva durante a noite fez uma picada e ainda com o escuro transpôs o mau terreno, de modo que ao despontar o dia achava-se numa campina em frente ao espinhaço da serra, de onde o inimigo abrangia-o num fogo incessante...

Ao clarear o dia, chegou na tapera velha de remendos de telhas vermelhas, na cobertura escurecida pelo tempo, onde se abrigava Angelo Dourado, o coronel Severino Brasil. Que vinha em nome de Gumercindo Saraiva dizer ao general Salgado que ele já se achava empenhado na luta.

Cavalos arreados presos pelos cabrestos. O general Salgado chegando próximo da bacia descascada do lavatório de ferro com três pés, molhou apenas o rosto. Um joão-de-barro veio voando e entrou entre as ramas da capororoca fazendo barulho no campo silencioso. O comandante mandou montar. A tropa de Angelo Dourado partiu.

Com ela a turma do circo que havia participado desde pequenas escaramuças à valentes combates, com lanças e tiros em profusão. Tendo como lider dos artistas o índio amazônico Uirá, todo entusiasmado. O mesmo não acontecendo com o ex-palhaço Benê Cambalhota. Meio desanimado e que por sua vez puxava a fila onde juntavam ex-contorcionista, ex-malabarista, ex-domador etc...

Os três anões, Ascêncio, Tibúrcio e Tornado, foram destacados como auxiliares de cozinha. (Para inveja de Gordolento que sonhava com mantas de charque, leitão à pururuca, mogango com leite...) Fariam parte das tropas de retaguarda. Se é que existia esse tipo de denominação naquelas batalhas, em que todos se empenhavam igualmente tanto na frente como atrás. Num constante vai vem. De tomadas e perdas de posições...

Cinco minutos depois todos já desfilavam debaixo de verdadeira chuva de balas. O inimigo havia tido o bom senso de privá-los a passagem, por onde iriam mantê-los em dois fogos, sem se lembrar talvez, que Gumercindo Saraiva ali estava e que haveria de abrir caminhos onde eles nunca esperavam. Por entre atalhos e trilhas estreitas, próximos de ranchos de posteiros ou casas de estâncias.

O tiroteio agilizou a tropa e em consequência o pessoal do circo teve que ficar esperto. O jovem índio sempre animando a velharia a seu lado, que por sua vez apertava o passo e desviando sempre do grosso das balas que passavam assobiando...

Angelo Dourado foi chamado à retaguarda onde se achava ferido o major Delfino Porto, e mais de três vezes o coronel-médico teve de voltar para ver feridos, de modo que muitas vezes em idas e voltas teve de passar no ponto onde era mais intenso o fogo do inimigo. Numa prova de que naquelas batalhas não havia vanguarda e retaguarda.

Depois de observar que era impossível vadearem o ribeirão, o general Salgado e seus homens resolveram que deveriam voltar pelo mesmo caminho sem dar um tiro porque não poderiam gastar a pouca munição que tinham. Procuraram a picada que Gumercindo Saraiva havia feito, tendo conseguido porém, já passar por ali, o tenente-coronel Izidoro Dias Lopes, com pequeno número de atiradores atacando com coragem o inimigo...

Ao chegar junto ao resto de casa onde havia pernoitado, num pouco de campo limpo, em que alguns capões punham manchas escuras no veludo verde das pastagens, Angelo Dourado no vai e vem, apeou-se para extrair a bala de um companheiro e curar outros ferimentos menos comprometedores.

O general Salgado marchara com seu estado maior, na maior dificuldade. A muito custo também Angelo Dourado procurava chegar novamente e o barro impedia os movimentos rápidos do cavalo. Muitos eram os companheiros feridos na tropa de Gumercindo Saraiva. Afinal depois de muito esforço conseguiu passar, e a galope procurou o rumo de onde vinha o som da fuzilaria.

O caminho como sempre péssimo. Até que descobriu: a coluna que havia privado sua passagem já se dirigia para onde estavam brigando. Tratava-se de um poderoso reforço para o inimigo; receioso pela sorte dos bravos companheiros da coluna de Gumercindoo Saraiva, Angelo Dourado gritava desesperadamente para aqueles que estavam na retaguarda, que apressassem a marcha pois o inimigo ia ter grande reforço. Os homens da tropa não ouviam...

Ao aproximar-se de uma campina, onde outrora peões pastoreavam a cavalhada, Angelo Dourado não ouviu mais o fogo continuado da fuzilaria, nem as balas inimigas sibilavam mais nos seus ouvidos. Uma terrível angustia acometeu-lhe. Tinham pouca munição. Teria esgotado o estoque sem pronunciar a vitória? Aquela era a primeira grande batalha depois de Inhandui. Perdida significaria a mesmoralização e o inimigo criaria raizes. Se tivessem marchado uma hora antes não teriam encontrado obstáculos na passagem, e a vitória, infalível. Por uma hora de demora da sua coluna poderiam perder-se o sacrifício de mártires, e assim desapareceria toda a esperança daqueles bravos homens. O coronel-médico galopava sem parar...

Ao chegar Angelo Dourado ao local onde se observava toda a campina a cena fez-lhe tremer  e as lágrimas desceram pela face contraida. O terrível espetáculo mostrou-se como um imenso palco de batalha, com cenas difíceis de descrever. Ouviam-se por todos os lados os clarins a tocarem sem cessar as notas lúgubres, que ordenaram a carga e carnificina, como um uivar desolador.

Os lanceiros, tendo a frente o índio Uirá, subiam e desciam dos montes mais elevados como fantasmas que voavam sobre os rochedos. Fazendo lembrar as fantásticas Walkirias das lendas germânicas...

As bandeirolas brancas das lanças, pareciam asas de aves de rapina precipitando-se sobre as presas: num baixar e erguer-se sem parar. Em pouco, aquelas pequenas bandeiras tomavam a cor do sangue em que se molhavam...

No combate destacava-se a figura de Uirá, puxando seus amigos da turma do circo e demais companheiros de tropa. Suado, tendo uma fita prendendo os longos cabelos negros, camisa em frangalhos, o índio urrava feito um possesso. Como se o espírito de um ancestral de sua tribo amazônica houvesse tomado seu corpo...

Gritos, lamentos, súplicas, gemidos, rezas, extertores, promessas, imprecações, insultos — na mesma língua — formavam a harmonia do cataclismo que se chama guerra civil. Onde não há quartel e quase não se faz prisioneiros, obedecendo todos a terrível senha: mata se não queres morrer...

Por entre gravemente feridos que chamavam por um padre em pleno campo da batalha, alguns grupos se afastavam, corriam para poder viver. Outros caiam em cima para matar. Uirá nunca assistira cenas tão selvagens. Nem nos combates anteriores e nem mesmo quando pequeno, nas guerras tribais da Amazônia...

Nessa altura o caminho de Angelo Dourado era indicado pelos cadáveres e feridos. Um que agonizava ali, outro que gemia acolá. Mais um coberto de sangue — sentava-se junto do cadáver de um amigo e com o olhar feroz buscava além a vítima para vingança.

Caído, por entre adagas e lanças, o corpo de um jovem de feições simpáticas, mãos delicadas, carteira de estudante ao lado. Adiante o corpo inerte de outro, barbas loiras, grisalhas, um chefe de grupo. E entre eles, o corpo sem vida do bravo Pedro Diogo: jovem ainda, levara o sangue ao Paraguai para desafrontar a pátria. Velho, chefe de numerosa família que vivia do pão que amassava cotidianamente com o próprio suor. Foi dar a vida naquela revolução, naquele encontro terrível entre irmãos...

Angelo Dourado cuidava de um ferido quando ouviu tiros e gritos. Correu até o local e encontrou desesperado o velho Marcolino. Um poeta amigo, sem cultura, um rimador incansável: valente como um tigre. Trazia nos braços o corpo do filho de 14 anos, tão valente quanto ele. Ferido mortalmente o jovem respirava com dificuldade, quase sem vida.

Na batalha insana, um jovem perseguia outro rapaz que defendeu-se metendo-lhe uma bala no ventre, levando-o ao chão. Os companheiros que chegaram quiseram vingá-lo na hora, mas ao mesmo tempo chegara Macolino gritando:

—Não matem! Não matem!...

Após bradar gesticulando estancou para ver a reação.

—Mas é o matador de seu filho! — Responderam os companheiros de arma, em coro.

—Sim, eu sei, por isso quero-o, para mim. — Disse em frase seca e curta.

O moço assassino molhado de suor e pavor, olhos esbugalhados, encolheu-se todo junto ao mourão da aroeira. Esperando castigo que por certo viria rápido ou em lenta agonia. No ambiente de sangue e maus tratos. Naquelas batalhas se pensava depressa, quase não havia tempo para julgamento. A vingança sobrepunha e a morte vinha ligeira.

O comandante Angelo Dourado chegara a tempo. Teve receio de uma terrível vingança, não lembrando que o velho era um poeta. Chegou próximo a ele e indagou:

—O que vais fazer, meu amigo?

—Adotá-lo.—Respondeu-lhe em prantos Marcolino. Atirou no meu filho, mas em defesa própria. São da mesma idade, virá para o lugar dele na minha vida...

Um bem-te-vi retardatário cantou e fugiu de sobre os cinamomos. O mesmo fazendo vários anús, como platéia do palco sangrento. A névoa tênue já pretendia escurecer matas e campos. Os homens nervosos não sentiam frio apesar do zumbido cortante do vento minuano.

Os pássaros demoraram para deixar o campo de batalha, talvez a espera da situação entre o idoso e o jovem. A cena comovia o mais duro guerreiro. Durante a agonia do filho, o velho não o deixou um instante sequer e sempre a conversar com ele. Animou-o até que o moço exalasse o último suspiro.

E ali perto, que ajudara trazendo um pouco de água fresca, o prisioneiro, o matador de seu filho, ficou imóvel. Estático diante da morte que causara. Cabisbaixo, finalmente ajoelhou-se no chão de terra socada e rezou uma ave-maria. Após alguns minutos de meditação o seu corpo caiu de todo e rolou junto dos mourões de guajuviras...

paleo sangrento. A névoa tênue já pretendia esquecer matas e campos. Os homens, nervosos, não sentiam frio apesar do zumbido constante do vento minuano.

Os pássaros demoraram para deixar o campo de batalha, talvez à espera da situação entre o velho e o jovem. A cena comovia o mais duro guerreiro. Durante a agonia do filho, o velho não o deixou um instante sequer e sempre a conversar com ele. Amparou-o até que o moço exalasse o último suspiro.

E ali perto, que ajudara a verter um pouco de água fresca o prisioneiro, o matador de seu filho, ficou imóvel. Estático diante da morte que causara. Calado ficou. Finalmente ajoelhou-se no chão de terra seca e rezou uma avé-maria. Após alguns minutos de meditação o seu corpo caiu de lado e rolou junto dos montões de guavirás.

## A missão

No trecho de poucas capororocas e cambarás, sob exclamações de triunfo, um homem atirando longe o cigarro passou a cobrir com pomada, suas próprias feridas provenientes das batalhas entre irmãos. Enfaixou a perna inchada com panos velhos e encostou o corpo cansado no arvoredo, enquanto ao fundo ouviam-se galopes frenéticos.

A coluna de Gumercindo Saraiva havia se dividido para perseguir o inimigo derrotado. O pouco que restara das tropas do governo havia fugido em disparada. A área estava sendo limpa. Um ou outro inimigo que estava escondido, acabava se entregando.

Os revoltosos conferiam os estragos feitos em sua tropa. Enquanto uns barbudos encardidos, malcheirosos, tristes, descansavam, outros percorriam os lugares onde se achavam mortos e feridos. Em cima, onde a estrada atravessava perto do cemitério foi sepultado Pedro Diogo e havia ainda por ali muitos cadáveres insepultos.

Um dos que por ali descansavam em meio aos destroços e defuntos, tocava numa gaita de bolso que havia tirado de um morto, outros dançavam feitos zumbis, com olhares perdidos. Alegres ante tão rápida vitória, esquecendo que todos aqueles corpos estendidos eram de irmãos. Tal a moral das guerras civis!

—A música é o idioma dos deuses!... — Gaguejou o rapaz de roupa ensanguentada franzindo o nariz e a testa. Cabelos longos, mistura de bandoleiro e profeta.

Na luta do matar para não morrer -- a morte dos semelhantes, sejam eles irmãos ou não, é um degrau para a vida.

Não tinha sido assim com o índio Uirá, um dos mais esforçados na batalha da véspera? Matara tantos "chimangos" que passaria a cabo, por ato de bravura.

Um dia depois, já estavam preparando a pequena cerimônia da entrega das divisas. Com apenas um agravante na patente, Uirá que encostara a espada e a lança, estava triste com a perda do companheiro Tornado. No vai e vem das tropas, no recúo e avanço, o anão foi feito prisioneiro e executado na hora, sob risadas das tropas legalistas enlouquecidas. O pequeno Tornado foi amarrado e jogado vivo de cabeça para baixo, no enorme caldeirão que fervia água para a alimentação da tropa federalista. Os outros dois anões escaparam, mas Tornado tinha as pernas mais curtas de todo o batalhão...

O pessoal do circo ficou uns dois dias sem comer. Não podia nem olhar para o caldeirão de campanha...

Do alto da colina, dava para ver a tropa inimiga de uns 500 homens se retirando. Porém, uma só volta rápida daqueles soldados seria suficiente para esmagar os revolucionários de Angelo Dourado. Essa tinha sido a observação do comandante quando Felipe Portinho, Israel Sá, Gayer e outros oficiais se propuzeram ir tomar a cavalhada e a munição da coluna fugitiva.

Aos primeiros tiros, o pessoal republicano acelerou a marcha da fuga, porque a tropa de Aparício Saraiva seguia pela estrada e portanto devia envolvê-la tomando-lhe o único ponto de retirada. Nessa fuga desesperada e precipitada deixaram bagagens, carretas e farta munição. Tudo o que poderia privar-lhes a marcha

Mas havia algo mais importante que bens materiais para o alto comando dos revoltosos resolver. Tendo notícia de que havia feridos extraviados, pelas matas baixas e ocultas nas rochas, das forças de Gumercindo Saraiva e estando a coluna longe deles, chegou uma ordem para que procurassem aqueles companheiros tão necessitados de socorro.

Ao arrebanhar "maragatos" para a difícil missão, entre índios e esmoleiros de botas esfarrapadas, fazendeiros, agregados, capatazes, peões e posteiros, Uirá foi o primeiro a se apresentar como voluntário, deixando de lado o merecido descanso por ter sido um dos mais valentes durante as batalhas.

Embalado pelo sucesso da luta o pessoal do circo também se prontificou a seguir o lider índio. Os mais velhos pareciam ter remoçado. Acreditavam que ainda poderiam ser mais úteis no conflito sulino. Deram um viva à revolução e permaneceram na posição de sentido.

Foi então organizado às pressas um piquete entre aqueles que tocavam e bailavam. Além de Uirá, já estavam presentes, o ex-palhaço Benê Cambalhota, Simério o ex-domador, Arduino antigo equilibrista, Satan ex-engole-fogo, o negro Esfigênio e por último sempre atrasado e esbaforido as voltas com a grande barriga, o ex-bilheteiro do circo, fazendo jus ao nome : Gordolento. Que mastigando, teve de deixar rápido o charque com pirão de farinha...

Sete homens com coragem suficiente para cumprir com êxito a missão de resgatar feridos, num trabalho brilhante, dígno dos melhores tempos de espetáculos do Gran Circo Aprigio, em dia de gala.

Ao receber aplausos da tropa perfilada, os ex-artistas pareciam ver de novo o redondo do picadeiro coberto de serragem, papel, ponta de cigarros, mas agora o palco era da revolução sulina. O sotaque da mistura de português e castelhano o mesmo, mas onde estavam os cavalos amestrados, leões e elefantes? E a elegante moça do trapézio? O ex-palhaço Cambalhota que voltara a contar piadas, deixou escapar um suspiro de saudade...

De pronto Angelo Dourado confiou nos homens. Uns goles no barril-de-água e baldes cheios para os animais — sete cavalos dos melhores tinham sido escolhidos. Assim como revólveres, facas e cantis, providenciados. Além de um pouco de alimento e embornal com remédios para pronto socorro. Alguns medicamentos urgentes, contanto que não fossem volumosos. Para Uirá, o comandante cedeu a sua arma de estimação: um revólver com o cabo de madrepérola, tanto passou a confiar no jovem da Amazônia. Um forasteiro disposto a dar o sangue na luta do Rio Grande do Sul, como ele, o baiano Angelo Dourado.

Sem muita pompa despachou os homens corajosos, com votos de sucesso na importante missão. Humanitário e heróico trabalho de frente de batalha. Avisando-os de que não se aproximassem muito do inimigo (perto de 500 homens) que recuava...

Postos na estrada, não demorou para que os sete cavaleiros começassem a ver com calma, o triste rastro de sangue e cadáveres feitos por um exército em derrota. Até alcançarem pequeno povoado no pior estado de penúria, com marcas de tiros e o estrago estampado em todos os cantos.

Nas casas de meia água, caiadas e esburacadas, de telhados úmidos, viam-se pelas frestas das janelas, vultos de saias vagando feito fantasmas, escondendo-se por entre o que restara de móveis. Quando apareciam para estranhos, traziam fisionomias de terror nas mulheres e espanto nas crianças. Mesclado de lágrimas e preces tomava conta dos moradores do pequeno lugar. Só desespero na população, reduzida a feminina e alguns guris. Lamentos e em especial gritos das mulheres mais velhas, ao avistarem os estranhos como se fossem sete cavaleiros do Apocalípse...

Ao apearem afim de apanhar um pouco de água para os animais, novas súplicas, rezas, como se os habitantes estivessem vendo demônios, só que agora mais de perto. Tendo na frente uma corajosa senhora de castiçal tremendo nas mãos, que censurava:

—Irmãos contra irmãos. O que é isso, meu Deus?...

Na casa vizinha cercada de pés de pitanga e esburacada pelos tiroteios, gente fugia aterrorizada. Os homens de Uirá não viam o rosto, apenas vultos que passavam arrastando trapos e outros vultos menores: crianças que corriam com tristeza de causar pena.

Entre as pessoas que se ocultavam numa das casas, envidraçada e cortinas nas janelas, surgiu uma pálida figura, trêmula e chorosa. Pobre moça que mais parecia se oferecer em troca dos sete cavaleiros barbudos e mal vestidos, deixarem sua mãe em paz. Mas o que teria feito de tão grave a mãe para a filha pensar que os federalistas estavam ali para vingança ?

O pessoal do circo percebeu a intenção, pela expontaneidade da jovem de beleza incomum, contrastando com a velhice precoce da corajosa vizinha que censurava aquela guerra entre irmãos. A moça insistia em proteger a mãe, segundo ela mulher sofredora e rogava para fazerem com ela o que pretendiam fazer com a mulher que procuravam.

—China ou mulher decente? Pensou alto Satan.

—Psiu! Olha o respeito! — Bradou Uirá parecendo adivinhar a intenção do companheiro, a tempo naquele inferno sem companhia feminina. Moral da tropa era o que mais se exigia nos revoltosos. Não tinham ouvido os exemplos anteriores dos oficias, contados por todos?

Linda, aparentando uns 20 anos. Mulata clara de olhos gateados verdes, emoldurados por cabelos negros. Lábios carnudos e a sensualidade a flor da pele. Maltrapilha, os seios duros pareciam querer rasgar o tecido ralo e desbotado da blusa em desalinho. A saia mesmo comprida, não conseguia esconder quadris fartos e o desenho bem feito das pernas atraentes.

A jovem era a provocação em todos os sentidos, dos pés pequenos, coxas roliças, belos seios livres, quase a mostra, ao rosto bem desenhado, principalmente olhos e nariz.

—Calma. Não vamos fazer nada de mal a ninguem desta casa e vizinhança... — Tentou acalmar a jovem, o chefe Uirá. Cabo, quase as vésperas da promoção oficial.

Diante do exposto, a mulher vistosa se contraiu um pouco, enquanto a vizinha permaneceu ressabiada e mal dizendo a revolução. A velhota na verdade não confiava em ninguem, naquele maldito confronto selvagem entre republicanos e federalistas, onde irmão não respeitava irmão e muito menos irmã...

—Qual é seu nome? — Indagou o índio, afrouxando a fita que segurava os longos cabelos, e cruzando os braços para deixar a moça mais a vontade.

—Mayã. — Respondeu secamente e mostrando um rosário de belos dentes, alvos a contrastar com o rubro natural dos lábios bem delineados, porém trêmulos. Obras de arte sobre a pele norena e um leve rubor na altura das maçãs do rosto.

A jovem ofereceu a casa vizinha onde vivia com a mãe e a irmã.

—Mais água, Mayã, por favor... — Pediu educadamente Uirá, desta vez para todos os companheiros que se aproximavam. Até os animais foram contemplados com o precioso líquido em abundância. Não muito puro por aquelas bandas castigadas por lodaçais sem fim, formados pelos cavalos, das tropas que iam e vinham constantemente em vitórias e derrotas.

Afinal a mulher principal surgiu na porta, com os olhos lacrimejantes.

—Minha mãe. — Apontou a jovem Mayã temerosa apesar de tudo.

A mãe desconfiada disse o nome:

—Anacatarina, sua criada.—Resmungou chorosa afastando-se para a cozinha, a fim de tratar da panela com resto de feijão cozido, quase a queimar.

— Entre, que eu vou preparar um chá de casca de laranja para seu pessoal. — Disse a moça bonita, simpática e descontraida. A infusão substituia o mate que naquelas paragens saqueadas tornara-se artigo de luxo. —Sem antes justificar o óbvio. —As tropas do governo, que passaram por aqui, levaram quase tudo...

Inesperadamente surgiu na sala a figura loira e esguia. Parando de andar só para arrumar num caco de bandeja, nacos frios de bolo-frito para os visitantes por certo esfomeados. Novamente os homens rudes ficaram embasbacados diante da formosura. Adentrava, a filha mais nova de Anacatarina. Clara, de uns 17 anos, fina de corpo, cabelos cor de mel. Tipo diferente mas tão linda quanto a irmã.

—Esta é Nadine. — Apresentou a mãe que se trocara, portando bela blusa de seda e voltava correndo da cozinha. Pelo semblante estava preocupada. Não gostara nem um pouco da filha mais nova ter chegado de sopetão. Bem que poderia ter ficado escondida onde estava...

Ao avistarem os cavalos amarrados nos arvoredos, duas velhotas vizinhas, vestidas de luto fechado chegaram solidárias, fazendo antes na testa o sinal da cruz.

—Seja o que Deus quiser. —Balbuciou baixo a mais idosa.

Traziam licor de butiá e bolinhos de polvilho, para bocas mais chegadas numa cachaça pura. Duas viúvas cujos maridos tinham sido degolados pela legalidade. Souberam logo depois Uirá e os companheiros. As prestativas vizinhas colaboravam com sua cota de alimentos — conforme uso durante a guerra civil -- para os sete cavaleiros, sem antes a mais faladeira pronunciar quase que para si mesmo:

—Ja fomos pilhadas por "chimangos" e agora por "maragatos"...

Satan não tirava os olhos da loirinha, foi preciso que Uirá desse um pontapé por baixo da mesa em direção do ex-engolefogo do Gran Circo Aprigio, para o homem disfarçar o interesse. Apagar a chama do desejo.

A moça era uma figura atraente, dígna de admiração, realmente. Uma pintura executada pelo melhor dos artistas: o mesmo nariz bem feito da irmã e a boca carnuda caprichada. Cabelos claros de mel, pele alva e dentes branquíssimos. Esquia, prometendo seguir as mesmas linhas do corpo provocador da bela Mayã. Por sua vez, pecado moreno a alimentar fantasias sexuais de qualquer mortal...

Descansados por mais de duas horas e alimentados, Uirá e demais companheiros de tropa preparavam-se para a partida da casa hospitaleira rumo à missão importante. Iam um pouco mais além, porque até ali não haviam achado nenhum sinal de companheiro ferido.

Ao despedirem-se de Nadine, Mayã e Anacatarina com os olhos cheios de lágrimas, foi onde os homens repararam mais na dona da casa, que arrumava a toda hora o decote da vistosa blusa verde de seda. Até então as atenções tinham sido voltadas para as filhas. A mãe estava com os cabelos ajeitados, melhor vestida, mas simples. Muito charmosa apesar da idade — um pouco maltratada pela vida --- mas mantendo ainda traços de beleza e vigor de lutadora. Não era atoa que as jovens tinham saído bem feitas dos pés a cabeça. E outra característica da casa: ninguem por ali usava sutiam. Nem precisavam...

Anacatarina que até aquele instante havia mantido o sorriso escondido, ou usado discretamente, abriu-o em especial na direção do índio Uirá. Mostrou na despedida um rosário de dentes perfeitos, esbanjando alegria para surpresa dos homens rudes, muito mais acostumados com a cara feia dos inimigos. E na maneira que suas mãos quentes e delicadas apertaram juntas a calejada de Uirá, bastou para o índio perceber intenções mais do que simples despedidas. Uma piscadela de olhos da mulher nos derradeiros momentos juntos, reforçou o pensamento do chefe da patrulha, que ela pedia nova visita.

Uirá quebrou a aba do chapéu, atirou o pala para o ombro esquerdo e riscou o cavalo na espora chilena saindo esperançoso...

## A promoção

Corvos voavam lentamente sobre a mataria cerrada de poucas estradas e trilhas. Uns homens sovavam as palhas, outros picavam o fumo. Uirá apertou a reluzente espora. Cambalhota sem contar piada guasqueou o animal. De resto, os revolucionários procuravam cavalgar em silêncio.

Nenhum comentário sobre aquela gente, população triste, apavorada até. Nenhuma palavra para não despertar o inimigo. O único barulho era produzido pelas patas dos cavalos. Até que um dos animais, passarinhando deu uma estancada. Se o peão não estivesse atento e não fosse bom de montaria, caia, porque em seguida o cavalo corcoveou o que denunciava alguma coisa estranha no caminho. E que assustara o bicho, muito mais sensível que o ser humano.

Revirada uma moita de mato espesso, com o devido cuidado, deram com três homens feridos, escondidos, a gemer baixo. O gemido abafado e o volume em movimento atrairam a atenção do animal que ia na frente, senão os cavaleiros teriam passado do local sem perceber. Os homens conheceram logo três companheiros da coluna de Angelo Dourado.

—Ali na frente tem mais gente nossa ferida.— Observou com dificuldade um deles em melhores condições e esperançoso por ver amigos.— Ouvimos pedidos de socorro a noite inteira. Se as tropas do governo escutassem iriam lá matar todos...

Uirá deixou no local quatro companheiros e seguiu com Cambalhota e Satan, em busca de outros feridos.

Alguns metros mais a frente, avistaram na verdade mais dois colegas de farda baleados, que rastejavam pela estrada estreita, em busca de socorro. Arriscando-se. Mesmo que os inimigos os vissem. Era melhor morrer do que sofrer abandonados como estavam. Colocaram os feridos nos cavalos e voltaram puxando até o ponto onde se encontravam os outros três, sob a proteção de Esfigênio, Gordolento, Arduíno e Simério.

Uirá acomodou os feridos por sobre os cavalos e cada um dos homens do piquete da salvação puxava seu animal. Deram mais uma busca rápida para ver se havia mais sobreviventes, mas somente encontraram corpos já em decomposição tanto de companheiros como inimigos.

Procurariam fazer o mesmo trajeto da ida, com pequena parada na casa de Anacatarina onde tão bem foram tratados. Para que os homens baleados descansassem, pelo menos o tempo suficiente até que as machucaduras fossem lavadas com desinfetantes. Os feridos mais gravemente ganhariam o mesmo tratamento de emergência. Era a guerra e teriam que se conformar com a forma empírica. Dada as circunstâncias e a urgência, era o que os improvisados enfermeiros podiam fazer...

Ao se aproximarem da vila de casas, no entretanto, os "maragatos" notaram estranho movimento justamente onde pretendiam parar. Havia cavalos bem encilhados, presos no palanque do terreiro. Três deles. E o som de música chorosa e lânguida se pronunciava, vindo de velho e chiador gramofone.

Sinal mais do que evidente de gente suspeita por perto. — "Simples andarengos não são".— Pensou o índio matreiro escolado pela vida. — "Na certa são homens da revolução de um lado ou de outro. Republicanos ou federalista"...

Como escurecia, deram breve parada, deitaram os feridos, pedindo para que eles gemessem o mais baixo possível. Uirá e Satan iriam até a casa para observar de perto que movimento diferente era aquele.

—Tropa nossa não é.— Comentou o líder indígena.—Só nós fomos destacados para a missão na região...

Ao escurecer de tudo, com nuvem de chumbo trazendo a garoa gelada, os dois revoltosos desceram com cuidado da colina, caminhando atento, evitanto qualquer barulho que pudesse despertar a atenção, principalmente dos cavalos amarrados, tão sensíveis a qualquer ruido.

Chegaram pé ante pé, até as proximidades do avarandado da casa com o minuano assobiando pelas frinchas do assoalho. Aproximaram-se de uma das janelas e pelo vidro que restava intacto, avistaram dois homens. Não eram companheiros e sim "chimangos"; pela farda pertenciam a tropa governista...

Por que teriam voltado? Não importava, podiam ser retardatários ou desertores. E perguntas agora não cabiam, fez sinal de silêncio Uirá para Satan, intrigado tanto quanto o companheiro. Pelo sim pelo não, os estranhos tinham que ser eliminados, senão cairia por terra o plano de salvação dos feridos. Não haveria como dar continuidade, por ser operação lenta pois as machucaduras exigiam cuidados extremos. E os gemidos estavam cada vez mais altos...

Enquanto estudavam plano rápido de ação, um pequeno ruido denunciador fez com que Uirá e Satan voltassem quase que ao mesmo tempo para trás e deram com um vulto estático a observá-los. Uma pessoa que chegara também aquela hora e parou gelada de medo. O susto que Uirá e Satan sentiram, a mulher que chegou, levou maior. Tanto que o cigarro que trazia no canto da boca, caiu. Era Anacatarina sem se mexer e branca de pavor. Gaguejando só conseguiu pronunciar algo compreensível e baixo, quando reconheceu a figura imponente de Uirá em primeiro plano. Puxou o decote da blusa de seda vermelha, nervosamente, e seus olhos marejaram.

—Quem está la dentro? O que fazem aqueles homens na sua casa? — Quis saber logo Uirá nervoso, não se importando muito com a altura do som das palavras.

—Gente do governo, que voltou para buscar companheiros feridos. —Gaguejou a mulher fria e secamente apertando os lábios. Seus olhos brilharem com as lágrimas quase a sair.

O índio desconfiou:

—São só aqueles dois? Como é que tem três cavalos arreados?...

—Pois é...outra tragédia...—Emudeceu rapidamente Anacatarina como a pensar, custando para soltar a língua. — Um deles agarrou uma das minhas filhas e chegou a levar a moça para a cama, quando surgiram os outros dois e o mataram...

Uirá também não acreditou muito:

—Com que arma? —Investigou o índio já maquinando como iria agir para liquidar os inimigos. E se a mulher estaria mentindo? Seria esperta suficiente para criar respostas tão convincentes na hora?

—A facadas. —Respondeu a mãe apavorada. —Mas minhas filhas não estão livres do perigo, pois não confio naqueles homens. Deixe eu entrar primeiro sozinha, para preparar uma armadilha...

A mulher foi astuta mas o índio esperto não acreditou. — "A armadilha pode ser contra nós. Numa luta como esta, não se confia em ninguem. Principalmente em estranhos"— Pensou ao mesmo tempo em que emendou:

—Volta para casa, mulher, naturalmente, como se nada aconteceu. E em seguida eu e o Satan entramos, compreendido? Quase ao mesmo tempo que você.

Com a observação nem precisou a recomendação de que ela entrasse calma que o resto Uirá e Satan resolveriam.

Anacatarina, abaixou-se e apanhou o cigarro levando-o a boca. Observada nos mínimos detalhes, Uirá não daria a menor chance para qualquer movimento suspeito da mulher que não fosse o combinado.Se ela estivesse do lado inimigo iriam ver logo. A mulher apenas abriria a porta, pois poderia haver algum segredo e de resto, serviria de escudo, caso estivesse mentindo.

Ouviram um grito feminino. Agudo, aterrorizante. Pela janela Uirá viu os dois homens no quarto falando aos berros com Mayã e Nadine. Estavam cambaleantes. Bêbados e lentos. Gesticulavam muito e as moças gritavam, apavoradas. Um dos homens de anel luzidío no dedo, acabou esbofeteando Mayã. A partir dai elas baixaram a cabeça e permaneceram mudas, conformadas. O outro entretido com a beleza frágil da clara Nadine, nem tomou conhecimento da agressão. Simplesmente avançou em direção da jovem desprotegida como presa fácil.

O tempo era curto e a situação parecia piorar a cada instante. Pois um dos homens, o mesmo que agredira Mayã, apesar de lento foi em direção da porta do quarto trancando-a. Ato contínuo os dois arrastaram as jovens pelos pulsos em direção da única cama grande de casal. Já espancando-as.

No que a mão pesada de um deles desceu pela segunda vez, não deu para Uirá ver mais nada. Esquecendo-se do combinado, que Anacatarina entraria primeiro, o índio cotucou o braço do companheiro gritando —"Já"!...

O índio correu para invadir a casa, ajeitando ao mesmo tempo o revólver que o comandante Angelo Dourado lhe confiara para a missão. Um trabuco de estimação que por certo não negaria fogo...

Com certeiro pontapé Uirá arrebentou a tramela fraca, pois a porta não tinha sido reforçada ainda com a tranca vigorosa que as mulheres colocavam a noitinha. Gritou novamente para que Satan, de arma em punho o acompanhasse. Rapidamente dirigiram-se ao quarto, arrombando também a porta com potente chute. Lá chegando, um dos malfeitores estava despido inteiramente e as moças deitadas no leito em desalinho.

A morena Mayã vestida só com o que restava da saia, mordia os lábios, apertava os olhos, chorando tentava com as mãos proteger os seios morenos à mostra. E que tanto perturbara de desejos, os invasores da casa simples. A frágil loirinha Nadine rezava parada numa das pontas da cama grande, já totalmente despida.

Com o barulho da porta arrebentada, e de refléxos lentos pela bebedeira, um dos homens acabou tropeçando na bombacha que estava tirando. Ainda tentou correr em direção da faca sobre a cama, arma com que ameaçara degolar a moça. Sua possível companhia para aquela noite. Mas não teve tempo. Uma bala certeira no peito, disparada por Uirá jogou-o contra a parede, mais precisamente de encontro a um violão ali dependurado.De onde foi escorregando lentamente, de olhos excessivamente abertos.

O outro homem praticamente assistiu, abestalhado. E deseperado falhou também ao tentar repetir a cena: correr em direção da calça dependurada onde repousava o revólver, para se defender. Não houve tempo necessário. A segunda bala disparada pela infalível arma do índio Uirá, apanhou-o no ar. O projétil bem dirigido acertou-lhe a cabeça fazendo o corpo girar e cair para frente.

Mayã que estava quase totalmente despida recolheu o pouco de roupa, vestindo-se às pressas. O mesmo fazendo a irmã mais nova, nua. Viraram os olhos para não avistarem os corpos caidos dos soldados. Não mais gritando ou chorando, tanto eram os sustos por que passaram, desde que a maldita revolução começara. E as cenas de barbarismos que assistiam quase que diariamente...

Uirá com o pé empurrou os corpos dos homens, juntando-os no chão. Pediu a Satan que chamasse os companheiros já que tudo havia sido resolvido. O gramofone fanhoso, cheio de chiado, foi desligado e em seguida o índio passou a procurar por Anacatarina que havia sumido...

Os companheiros desceram da colina. Por ordem do cabo Uirá, o negro Esfigênio e Gordolento passaram a cuidar dos corpos inertes dos governistas. Enquanto Arduíno, Cambalhota e Simério ajudavam a descer os colegas de farda feridos, colocando-os na cama ensanguentada, para a lavagem das machucaduras e primeiros socorros. Pelo menos para que tirassem a terra, seus ferimentos fossem limpos o suficiente para evitar infecção maior, a fim de prosseguirem com alívio a caminhada junto ao grosso das tropas do coronel-médico Angelo Dourado.

A dona da casa apareceu expontaneamente. Já pedindo que as filhas recuperadas do susto, providenciasse um caldo quente para os feridos e algo mais substancioso para os demais homens. Não parecia muito assustada quanto deveria estar. A não ser pelos belos olhos brilhantes, e das lágrimas que ameaçavam cair...

Uirá e Satan trataram de interrogar as mulheres. Principalmente Anacatarina que parecia ser a falsidade em pessoa. Queriam saber como aqueles homens tinham chegado, se era a primeira vez e qual seus verdadeiros planos...

Mas foram interrompidos pelos gemidos dos feridos, que aumentavam a cada minuto que passava. Tendo um deles passado muito mal ao deslocarem os corpos do local, talvez pela maneira bruta e desajeitada do pessoal nada preparado.Um deles tinha um ferimento de bala, e a perna estava ficando roxa da coxa ao pé.

Assim sendo o cabo Uirá resolveu de vez suspender o interrogatório. Ficaria para outra oportunidade. Havia coisa mais urgente, afinal tinham saído para missão diferente. Aproveitariam os três cavalos dos inimigos que agora formavam tropa de dez. Além de revólveres, munição, facas e cantis. Botas e cinturões ainda iam como comprovantes.

As despedidas foram as mais simples. Apertos de mãos em Anacatarina —de olhos lacrimejantes, com modo quente e sensual quando ela segurou com as duas a mão direita de Uirá, apertando-a. Despediram-se também de Mayã e Nadine, com agradecimentos de ambas as partes. Uns últimos goles de chá de folha de laranja e só...

A chegada dos bravos heróis, horas depois junto do grosso da tropa de Angelo Dourado foi uma festa. Com êxito total da missão, onde cavaleiros com fitas nos chapéus os esperavam.

Mas pouco tempo tiveram para descansar. Homens de adagas na cinta-guaiaca, outros portando revólver e algumas lanças em punho perfilavam-se. Formavam um corredor por onde passariam os bravos da missão. Aproveitaram a oportunidade da entrega oficial do posto de cabo que estava reservado para o índio amazônico Uirá, e entregaram-lhe logo a patente de sargento. Pelo duplo sucesso: valente na batalha decisiva e herói também na recuperação dos companheiros feridos. Além de conseguir mais três cavalos e armamentos para a tropa...

Sentados num canto, pensativo, antes de receber as promoções, uma coisa intrigava o esperto índio: a morte mal contada do terceiro republicano, quando os federalistas invadiram a casa .—Segundo a chorona Anacatarina.

Mais calmo, longe do corre-corre da salvação dos companheiros e da mortandade no quarto, Uirá não pensava em outra coisa. Havia esquecido de algo muito importante: verificar onde se encontrava o cadáver. Afinal não confiava nem um pouco na anfitriã.

Teriam mesmo matado o "chimango" ou a mulher mentira? Se assim fosse, ela teria sido muito esperta, o mesmo acontecendo com o terceiro republicano, que vendo-se em situação numérica inferior, poderia ter-se escondido, a espera de oportunidade para atacar. Apenas não acontecendo, porque os revolucionários logo abandonaram o local com os feridos.

—Bah! Va- va- vamos tomar um amargo, tchê! — Resmungou Benê Cambalhota na agitação da promoção, entre vivas e outras exclamações de triúnfo. Avivado também o fogo do chimarrão, apagou-se por momentos o pensamento distante de Uirá sobre o enigma que se formara: o que tinha na verdade acontecido com o terceiro legalista? Pois não sumira, como por encanto?...

## O horror

O frio arrepiava e a chuva miúda apenas molhava a barba e as botas, mas suficiente para tornar lamacento o terreno no estreito trilho que seguiam. Um que caia paralisava toda a coluna que lhe vinha após, e as quedas eram constantes. O lageado, estreito, por onde só passavam um a um. Fora dali, as pedras cobertas de limo tão escorregadias que nem infantes, nem cavalos poderiam conservar-se de pé. O animal que caia custava muito a levantar.

Até o joão-de-barro se recolhia devido a umidade. No lugarejo não se via uma só casa que não fosse habitada senão por mulheres de luto, já quase insensíveis à dor. Reuniam-se em grupos para morar nas residências em ruinas. Propriedades outrora ricas com pomares esplêndidos destruídos. Galinheiros e chiqueiros vazios e hortas abandonadas, tomadas pelo mato.

Em qualquer das casas do pátio calçado de pedras, era comum encontrarem dez ou doze mulheres morando juntas e muitas crianças deitadas em camas de pelegos, entre motucas impertinentes. Homens adultos não existiam, peões cansados de rodeios e tropeadas, andarengos que cruzavam o pampa.

E o diálogo entre revolucionários e moradores, gente de galpão, junto do forno-de-chão, os mesmos. Repetitivos:

—E seu marido?...

—Degolado.

—Seu pai?

—Degolado.

—Seu filho?...

O exército em busca de armas atacava implacavelmente na roça e no campo. Era a guerra civil mais violenta e horrorosa que o tempo registrara.

Tropas do governo enchiam a cadeia à noite, e pela manhã saiam os grupos para o matadouro. Cenas terríveis, as despedidas daqueles que saiam do inferno e dos que ficavam. Sabiam que marchavam para a faca — na mortandade, as tropas de "chimangos" economizavam munição —. E a carne humana servia para engordar cães e porcos.

O vigário local muito pedira e fizera preces, para que se mudasse o tratamento dado aos prisioneiros em sua maioria camponeses. Pelo menos que moderassem aquele horror. Dali em diante, já não tiravam os prisioneiros em grupos das camas de couro cru, das celas, mas nem por isso a matança nas cadeias deixou de ser contínua e progressiva.

Tudo para assustar os revoltosos "maragatos". Mas os homens idealistas não se amedrontavam...

O general Salgado e seu Estado Maior, bem montados, continuavam perseguindo as tropas federalistas, chegando até à portas de São Gabriel. Onde ao passar num banhado seria morto, se um companheiro não ferisse o inimigo isolado que atirava contra ele.

Fizeram muitos prisioneiros, entre eles o velho e respeitável tenente-coronel Marinho. Quando voltavam, Angelo Dourado viu alguns companheiros dirigirem insultos ao ilustre preso. Ajeitou o poncho-pala e correu para junto dele, marchou algum tempo a seu lado e somente se retirando quando chegaram oficiais aos quais entregou para que o respeitassem.

O inimigo batido tinha abandonado tudo: carretas, munições, objetos de uso de família, jóias, valores saqueados das populações etc.

Não tinham comido o dia inteiro. O bagageiro trazia uma lata de biscoito para Angelo Dourado, que restava das poucas que havia comprado em Caçapava. Na batalha campal, o burro que conduzia o cargueiro com o barulho havia disparadao atirando tudo fora. Perdeu-se muita coisa...

No caminho encontraram um jovem desesperado com a desgraça pela qual tinham passado naquela revolução infame. Tratava-se de um filho do major Faria, que narrava o triste episódio mostrando bem aquela disputa entre ódios sem limites.

Seu pai nervoso, por engano tinha se metido no meio de "chimangos" pensando que fossem "maragatos". O inimigo retirava-se, e o moço sabendo o que passara correu para o local com os companheiros a ver se ainda poderia salvar o pai.

Encontrou-o morrendo. Degolado, com o ventre aberto por golpe de faca, e os intestinos caidos no chão. A bala que o ferira, teria matado, mas os soldados perversos e sangunários, não contentes com a maldade mutilaram-no...

Vasto silêncio formou-se em torno. O frio chegara com o chuvisco deixando o gramado de um verde gelado. Reforçando a solidão dos campos onde apenas a ave biguá solitária parecia existir e sentir pena dos humanos.

# A desunião

A reunião foi no velho laranjal. Uirá desarreiou o cavalo, deixou secar o suor do animal, enquanto Gordolento cuidava de assar costelas de ovelhas, juntando lenha seca de cambui. E debaixo do tronco da timbaúva o magro e alto macumbeiro Esfigênio, chapéu quebrado na testa ajustava o gasto lampeão de querozene. Outros, simplesmente tomavam mate ou jogavam truco.

Os nove homens que formavam a equipe do circo continuavam unidos.

—Para onde vamos agora? Não sei. Fala-se em Cruz Alta, Passo Fundo, Lagoa Vermelha, Vacaria...

O sargento Uirá puxando o farrapo de poncho ia desenrolando com poucas palavras, a maneira que as tropas revoltosas enfrentaram cabisbaixos e quase mudos, as chuvas torrenciais, as inundações e os rios transbordando. Desfiladeiros, banhados e excavações por onde tinham de passar as carretas com dificuldades, principalmente as repletas de feridos. Com gritos e lamentos dos ocupantes.

As primeiras desinteligências tinham surgido no seio da tropa. Prenúncios de desobediências, recriminações, imputações de culpabilidade. Queixas, ciumeiras tolas nas promoções dos postos, discussões sérias e até mesmo brigas começaram a aparecer junto do pessoal de Angelo Dourado. O que significava mau sinal.

O mesmo acontecendo entre a coluna de Gumercindo Saraiva e a coluna do general Salgado. Fazendo com que o coronel Angelo Dourado preocupado imitasse o poeta: "Não nos mata a força inimiga. Mas sim nossa fatal desunião"...

A turma de Uirá não dava ouvidos a nada que não fossem ordens de comando. Os ex-circenses obedientes trabalhavam com afinco na passagem dos cavalos, tarefa insana, dada as circunstâncias. Notadamente nos rios que agora transbordavam. A princípio atravessavam em grupos, mas dessa maneira, poucos cavalos alcançavam a outra margem; muitos desciam e perdiam-se. Outros animais desciam os barrancos e voltavam com tal medo de água, que era impossível fazê-los seguir outra vez.

Resolveram passá-los atados à cauda uns dos outros, mas esse serviço era quase sempre mal feito. De poucos resultados positivos. Atavam entre dois cavalos fortes, muitas vezes um animal fraco que retardava a marcha e aqueles que vinham após vencendo a nado, embaraçavam-se e dai o terror. O reboliço tremendo, o bater das águas, o relinchar de muitos que se afogavam, causando a idéia de uma luta entre monstros marinhos por entre a espuma das águas revoltas...

Terminado o serviço da travessia do rio, com extrema dificuldade e muito sacrifício tanto de animais como dos homens, pararam para pequeno repouso da tropa.

Os habitantes do lugar sabendo da aproximação e pelo que os castilhistas diziam dos revoltosos, para aterrorizá-los, fugiram todos para o mato levando crianças e o que restava de velhos. Somente uma mulher ficara e ali mesmo disse ao sargento Uirá, que preferia ver os homens da Revolução Federalista, a ir morrer de frio no mato e que afinal as tropas do governo é que eram más, porque prendiam, açoitavam e degolavam. E que os revolucionários passavam sem nada de mal fazer, sem arrombar uma casa sequer.

Uirá aconselhou que a mulher fosse ao mato, que não era longe, chamar aquela pobre gente para suas casas.

O local estava assinalado por urubus em vôo e o cheiro característico no ar. Pesado, que os acompanhava sempre, como um emblema daquela guerra suja entre irmãos. Denunciando corpos humanos em estado de decomposição.

Um pouco afastado da beira do rio de águas revoltas, empurraram a porteira do curral com aspecto de abandono total e não demoraram para deparar com a cena macabra. De espaço em espaço uma senhora esquelética levantava-se e ia enxotar os cães vadios e os corvos, que chegavam perto do local onde ela mantinha os olhos fixos. Sob a copa frondosa do umbu, ponto em que juntavam dois corpos, atravessados um sobre o outro. Os cadáveres do marido e do filho único.

Fugindo, as tropas federalistas do general João da Silva Teles, composta de violentos e sanguinários soldados, aos quais se uniram forças de Pedroso e Mota, por ali tinham passado e assassinado os dois infelizes camponeses. Provavelmente sem motivo algum. E os "chimangos" declararam à viuva e mãe que se os sepultasse, teria a mesma sorte, quando eles voltassem.

A anciã nem mais chorava ou se apavorava com estranhos à sua volta. Simplesmente ignorava tudo. Passava os dias definhando lentamente e vendo-os apodrecer. Afugentando animais, mas presenciando a decomposição, os corpos dos entes queridos serem devorados por vermes...

Próximo dali, a vaca leiteira gorda e seu bezerro já crescido, pastavam à beira da estrada, quando foram atacados pela peãozada rude. Laçada sem muito esforço pelo tropeiro experiente, foi até covardia, pois o pesado animal estava quase parado quando o laço zuniu. Só risos de homens a cavalos bem encilhados, já pensando no naco gordo de carne que cortariam de um só talho no espeto. Novos gritos dos homens que lembravam estar capataziando tropas de gado, quando a corda que caiu sobre o pescoço da vaca, sem nenhuma dificuldade foi puxada...

A ordem tinha vindo para matar a vaca imediatamente. A mulher loura com uma criança nos braços , apareceu correndo em prantos. Era a dona dos animais. Angelo Dourado galopou e foi até o local, fazer soltar a vaca e o bezerro. Responderam-lhe que não podiam fazer porque os levavam por ordem do general.

Seriam as primeiras desobediências em público? Um não cumprimento de ordens dos subordinados do comandante famoso, na frente de todos?...

Os soldados revolucionários alegaram que estavam com fome. Podiam ficar sem armas e munições mas teriam que ter no minimo uma coisa: alimentos. Angelo Dourado contestou. Afirmando que o sofrimento de um dia, nada era em relação às privações daqueles colonos para adquirirem uma vaca leiteira naquelas circunstâncias.

Com muito custo o coronel conseguiu convencer o general que mandou seus homens deixarem os animais aprisionados, em paz. Afinal o gesto negativo do saque aos pobres moradores poderia repercutir mal. Aquilo era dígno das tropas do governo que não respeitavam propriedades, alegando no caso, que guerra era guerra e tudo pertencia ao Estado. Jamais os revolucionários poderiam repetir tal arbitrariedade. Os bens dos camponeses deveriam ser respeitados, fosse qual fosse a situação.

Aceitariam sim, de bom grado, tudo dado de livre e expontanea vontade. Mas nunca saqueariam...

Vaca e bezerro em liberdade, Angelo Dourado voltou onde estavam. A mulher tinha largado a criança e abraçava, chorando, a vaca de estimação.

Puxando um pigarro da garganta, o coronel se dirigiu a peonada frustrada e desenxabida, por haver perdido o churrasco e tentado desobedecer ordens do comandante:

—Vocês parecem que não sabem mais o que significa isto para um pobre lavrador...Estão perdendo a razão. O que é muito sério e ruim...

Enquanto a mulher — imigrante alemã — que nada entendia de português , mas havia compreendido o gesto, a vaca tinha sido salva pelo coronel, correu beijar-lhe as mãos em agradecimento. Apoderou-se das mãos do militar com tanta fúria, não se importando nem um pouco de ser pisoteada pela mula que transportava Angelo Dourado.

Assim como a mulher entendeu, o conselho que o salvador lhe deu de esconder a vaca e bezerro para livrar-lhe de futuros aborrecimentos...

A mulher envolta em alegrias tocava às pressas os animais para o mato fechado, ao mesmo tempo em que se despedia num aceno agradecido. O comandante pensou nos contrastes da vida. Aproveitou para mais uma vez se dirigir a tropa, citando que uns com trabalho insano adquirem pouco que forma a felicidade deles. Outros para terem muito mandam matar, destruir, fazer milhares de orfãos e viuvas. Gritando para incentivar ainda mais a Revolução da Liberdade:

—Não terá filhos o senhor Castilhos? Não terá filhos o senhor Floriano? — Encerrou o coronel Angelo Dourado.

A mulher alemã mandou-lhe uma caneca do leite da vaca salva. Envolta em bem trabalhada toalhinha de crochê. O coronel perguntou quanto custava e o portador, um esperto negrinho, fez sinal negativo. Angelo Dourado deu-lhe uma moeda que trazia no bolso. O jovem aceitou finalmente, também beijando-lhe a mão com enorme alegria...

A noite fria chegava, onde raras estrelas piscavam nas derradeiras luzes do crepúsculo avermelhado. A mata sumia na névoa e na friagem. A tropa tomando mate, arrastando esporas, ia se juntando nas minas de carvão onde se encontrava um trem — se é que se podia chamar assim uma locomotiva e dois vagões. Um deles já vinha quase repleto de revolucionários, arrebanhados em outros pontos.

Amontoados no trem, deitados sobre o capim úmido que margeava os trilhos, ou ainda debaixo de gabirobeiras onde haviam estendidos pelegos no chão, os homens conversavam. A espera de "maragatos" daquele trecho.

# O castigo

A lua minguante escondera-se e as geadas branquearam os campos. Enquanto o minuano continuava a castigar mantendo seu zunido constante.

Na mata de tajubas e cajaranas, o quero-quero cantava com desembaraço sobre o único salso-chorão, que deixava cair suas folhas sobre as águas do lagoão do campo. No galpão bem abrigado dos ventos, o dia começara amargo como fel para Uirá e demais companheiros.

Acabara com a algazarra da peonada. Com os cantos e o som da gaita. Notadamente para os homens da equipe do circo.

Três soldados dos revoltosos saindo dispersos mataram um homem para roubar.

Fora durante a noite largando o fogo-de-chão sorrateiramente sairam do curral-de-pedra para cometer a barbaridade. Presos, os três revolucionários não sabiam como justificar o ato indígno, impensado, a estupidez cometida, já que pelo menos dois deles, se sabia, eram homens de bem.

Conheciam de sobejo as ordens severíssimas a respeito. Ali, rigorosamente cumpridas. E o crime daquela natureza, assim como estupro, tinham como castigo a pena máxima. Todos sabiam dos regulamentos, que não eram mudados nem com filhos de comandantes se por acaso fossem envolvidos. Já tinham visto provas disso...

Por tal razão, os acusados nada alegaram em seu favor. Nem uma única desculpa. A não ser baixarem a cabeça, talvez arrependidos, diante da tropa perfilada.

Presos em flagrante delito, a luz dos lampeões, não houve prolongamento do julgamento. Acabaram encostados num muro e fuzilados durante a madrugada mesmo...

Se a tropa sentiu o acontecido triste com os companheiros, o que se poderia dizer com relação ao pessoal do circo que ficara desfalcado, pois dois dos fuzilados faziam parte do antigo Gran Circo Aprigio. Entre os amigos mais chegados havia um misto de pena, luto e revolta.

—Não joguei pedra na cruz para merecer como castigo uma notícia dessa..."Maragatos" que agiram como "chimangos". Era melhor terem morrido num duelo de adagas...— Comentou o sargento Uirá, aborrecidíssimo. — Mais honroso...

—Ou mo-mo-morrer do-do-doente de bexiga...—Rematou gaguejando Benê Cambalhota.

Arduíno, ex-equilibrista e exímio nas galopadas e nos tiros-de-laço. E Simério, ex-grande domador de feras e domador também de potros, dos melhores. Tinham cometidos a maior besteira de suas vidas. E sem retorno.

Nem por isso o apetite de Gordolento que devorava um charque com pirão de farinha, diminuiu. Uirá, Cambalhota, Esfigênio, Satan e o comilão, nem tiveram tempo de ver os amigos irresponsáveis pela ultima vez. Cansados do plantão da véspera, dormiram não demais, mas o suficiente para perderem a despedida. Talvez fosse melhor assim. Menos doloroso.

Somente os anões Ascêncio e Tibúrcio, madrugadores para o café da manhã da tropa, presenciaram a rápida cerimônia do julgamento e fuzilamento em seguida.

Os baixinhos, na primeira folga junto as panelas, correram para acordar e levar a trágica novidade. Cortaram o assobio da milonga de um tropeiro e a cantiga sempre igual de um bagual. Subiram no banquinho de cepo e desembucharam os dois ao mesmo tempo, aflitos num falatório infernal.

Uirá que tomava mate, ficou tão chocado que quase a cuia caiu de sua mão. Nem quis ouvir os detalhes. Meteu furioso o reio em cima da mesa de caixa, rompendo as tábοas, saindo lascas para todos os lados.

O negro Esfigênio pediu uma prece geral. Como não foi atendido, ajoelhou-se e rezou muito pelas almas dos amigos. Apesar dos dotes de benzedor, famoso curador de bicheiras de animais e bom de mandinga, nessa nada poderia fazer. Pelo menos neste mundo, tudo estava consumado...

Satan e Gordolento ainda foram até o local da execução dar uma olhada. Um muro descascado e ensanguentado por tiros. Inconformado, o sargento Uirá meteu novamente com violência a tala larga de couro, do seu reio. Desta vez o alvo foi o barril-de-água, quase rompendo-o.

—Atarantados!... O que fez aqueles experientes homens cometerem tal barbaridade? Será que estas batalhas estão perturbando demais nossas cabeças, a ponto de não sabermos mais diferenciar as coisas? Uma é matar inimigos, nesta guerra — embora entre irmãos — outra, é sair por aí matando para assaltar! Há diferênça! Que precisa e deve ser observada! Não somos assassinos!...— Comentou alto o sargento Uirá em especial dirigindo-se para o que restava de companheiros do circo...

E para encerrar amargurado:

—Deus livre-me dos amigos que eu me livrarei dos inimigos!...

A tropa ficaria estacionada no local por uma questão de estratégia de batalha, enquanto o comandante Angelo Dourado e outros oficiais embarcavam. Pareciam indiferentes aos fuzilamentos de seus comandados. Para eles teriam sido apenas mais três baixas? Tinham que ser frios, senão o moral da tropa viraria um caos.

Seguiriam juntamente com parte dos feridos mais graves. Entravam no trem que os levaria também para uma reunião com o Estado Maior da revolução libertadora...

A maneira que o trem corria com soldados por todos os lados, a paisagem melhorava de aspecto. Assim como as moradias dos colonos, em meio das lavouras do trecho não destruido pela guerra civil. Ovelhas pastando nos prados ou aglomeradas nas margens dos rios, onde crianças se banhavam alegremente. Outras pacientes, pescavam enquanto homens e mulheres trabalhavam em paz. Não parecia a mesma região, tão diferente da zona de guerra civil.

O coronel Angelo Dourado admirava a paisagem pela janela e seu pensamento voava mais que o trem, ao passar por uma colônia de estrangeiros: italianos, alemães, russos, poloneses. Que cultivavam a terra, onde os filhos iriam nascer. Terra que amavam porque lhes pertenciam e iria suavisar-lhes as saudades do pobre lar onde nasceram e sofreram.

Talvez olhassem admirados para os passageiros do curto trem de homens cobertos de andrajos, muitos já mutilados. Que pensariam eles dos revolucionários? Por ventura se lembrariam de quando chegaram, pobres, andrajosos para destruirem as florestas e fazerem nascer a vida, a alegria, a fortuna do seio da terra?

O comandante Angelo Dourado prosseguia no pensamento. Talvez! Talvez compreendessem que os revoltosos também eram lavradores, que iam destruir a erva daninha, a planta maldita que aniquilava a pátria. E depois, a alegria, a fortuna, que davam paz a aqueles que queriam trabalhar — nasceriam para para os sucessores.

—O revolucionário pela causa da justiça, é a larva que morre para deixar que as borboletas povoem os prados como as estrelas o firmamento...— Falou baixo o comandante só para si.

Em frente a uma das casas, um homem de barbas brancas longas ajoelhou-se ao ver o trem passar apinhado de soldados da Revolução da Liberdade, e saudou-os com o chapéu e frases não compreendidas: um estrangeiro. Talvez sofredor em sua pátria, que teve de abandoná-la, para não ser escravo. E compreendia a grandeza dos mártires, idealistas, que tudo sacrificam para libertarem os irmãos do jugo da tirania. E para um exilado compreensível esses lutadores só podiam ser saudados, de joelhos...

## A alegria

A natureza alertava de que vinha água e muita. Tanto no aviso do canto da saracura sobre ervas miúdas anunciando temporal, como na correição de formigas no forno, denunciando chuva certa. O cricrilar dos grilos abaixo da figueira, foi interrompido pelo chamado oficial fazendo com que Gordolento largasse a contragosto, o prato de ovos com linguiça.

Como comandante Angelo Dourado tendo viajado para levar feridos graves, encontrar local para a internação e manter encontro com o Estado Maior da Revolução da Liberdade, várias patrulhas teriam que se manter atentas e sair para conservar a posse do território. Além de observar qualquer anormalidade, movimento estranho, se não havia avanço governamentista e outras novidades do gênero.

Os oficiais destacaram numa delas o sargento Uirá e mais quatro escolhidos por ele, que naturalmente coincidiram com homens da equipe do circo, como sempre.

—Quem pode manda. Quem tem juizo obedece...

Comentou Uirá com certa alegria, pois daria um jeito para passagem na casa de Anacatarina e suas filhas maravilhosas; bálsamos e alentos na trágica guerra civil.

Sobre o saco de aniagem jogado no chão, Gordolento colocou o prato com farinha. Chegou o churrasco no espeto e o único talher de campanha. Sentado no pelego deitou o corpanzil desajeitado e pôs-se a devorar a carne com fúria total, atirando na boca, com a mão, punhados de farinha. Ao falar e comer ao mesmo tempo preocupado com a quantidade de alimentos, soprava parte da farinha:

—E se encontrarmos inimigos?

—Inimigos não, adversários. —Tentou Satan corrigir o companheiro.—Eu não considero inimigos aqueles que nascem na mesma terra que nós...

Na pressa de remexer a bagagem Uirá acabou derramando um vidro. Continha desinfetante que usavam nos ferimentos, atingindo parte de sua camisa. Como não tinha outra muda de roupa na hora, saiu assim mesmo mantendo o cheiro forte da composição química. Os companheiros Satan, Gordolento, Esfigênio e Cambalhota gaguejando e ensinando truque no baralho, até que reclamaram do cheiro desagradável impregnado no tecido, mas como não havia outro jeito resolveram calar.

A patrulha de "maragatos" por ordens superiores e seguindo o traçado do comando teria que dar volta imensa. Abrangente, assim atravessariam a vila por ângulos que não conheciam. Mas de qualquer maneira uma coisa era ponto pacífico, procurariam visitar as lindas mulheres, nem que fosse para um rápido bate-papo.

Na procura de algo que denunciasse qualquer intromissão do governo na região, notaram pelo estilo das residências que a vila era antiga sede de colônia alemã. Poucas ruas e muitas chácaras a margem do rio e da ferrovia.

Os cinco cavaleiros acabaram apeando na igreja. Um vasto templo ainda não totalmente concluido. A aproximação dos revoltosos portando carabinas, revólveres, espadas e punhais, já havia afugentado parte dos fiéis. Um padre alemão acabara de dizer a missa e retirou-se, sem antes reclamar baixo:

—Não se entra assim armado na casa de Deus...

A igreja ficou deserta em poucos minutos...

As palavras do comandante, coronel-médico Angelo Dourado vieram a mente do sargento: —"Hoje para alguns, o revolucionário é um bandido, aventureiro e ambicioso. Amanhã, ele será reconhecido como herói. Grande, generoso. Com direito a estátuas e biografias para que sejam imitados. Aqueles que hoje nos insultam, logo nos farão importantes pois nos arriscamos a morrer para salvá-los"...

O templo católico no estilo semi-gótico chamou a atenção dos rudes cavaleiros, pela sua imponência. Uirá parou em frente a um quadro que representava Madalena no martírio do Redentor, e pôs-se a rezar. O mesmo fazendo seus companheiros ajoelhando-se diante da maravilhosa pintura.

Algumas pessoas que iam entrar na igreja, ao avistarem os cavaleiros armados, recuaram. Desistiram. Viraram as costas e sairam rapidamente. Quando olhavam uma espada ou lança, viam mortes. E o medo aumentava se notavam que os homens estavam embriagados. Pelo menos quanto a isso poderiam ficar descansados, o pessoal da equipe do circo não bebia em serviço. Em compensação nas horas de folga, esqueciam da vida...

—Foi o che-che-cheiro do desinfetante da tua ca-ca-camisa, tchê! — Brincou Benê Cambalhota com o sargento...

Os cavaleiros também retornaram. Dirigindo-se aos seus cavalos, partiram, já acostumados com a reação dos populares. Qualquer que fossem os soldados, do governo ou revolucionário, a atitude a mesma de desconfiança e medo...

Não demorou estavam esquecidos, atravessando bosques de espessas colinas cobertas de plantações um tanto descuidadas, outras totalmente abandonadas, só restando esparsos pés de feijão e abóbora. Entraram por vielas margeadas de acácias formando linha magnífica de palmeiras. Cruzaram com homens vindos em carreta — geralmente idosos— com o mesmo semblante carregado. O pavor estampado no rosto, apressando o passo dos animais não vendo a hora de sumir de vista dos forasteiros...

Um dos cavaleiros quis quebrar a seriedade da tropa. Satan observou olhando para Esfigênio:

—Por aqui só dá crioulo ou alemão. Não tem meio termo. É preto retinto ou branco total. Quase não se misturam.

O palhaço Cambalhota não perdeu a oportunidade de contestar e envenenar:

—Não é be-be-bem assim...Não é atoa que as filhas da Anacatarina, uma é mes-mes-mestiça, amulatada e a ou-ou-outra, branquela alemãzinha...

Aproveitou para contar piadas e histórias engraçadas de sua vida. A maioria inventada:

—Já ne-ne-negociei por estas bandas, quando jovem — iniciou para alegrar um pouco os companheiros. —Ven-ven-vendia ovos e certa vez entreguei onze numa dúzia deles. A fre-fre-freguеza reclamou. Uma alemã braba.— Com onze? Tá certo — Retruquei. —Onde já se viu dúzia de onze? Só se é aqui na sua terra... Ao que respondi. —É que tinha um ovo com du-du- duas gemas!...

Foi atravessando as ruelas que marginavam o cemitério quase sem muros, que começaram a perceber no céu os primeiros sinais de núvens carregadas. A área do campo santo, pequena, com ruas estreitas onde dificilmente poderiam transitar em dia de visitas. Sem túmulos pomposos, e a beleza melancólica das estátuas de mármore branco, parecia um depósito.

A maneira que cavalgava, apressando o passo olhando para as núvens ameaçadoras, a estrada ficava pior e a chuva anunciando cair a qualquer momento...

Aceleraram o galope com a intenção de atingirem logo a casa de Anacatarina, único lugar que conheciam, capaz de abrigá-los da tormenta que ameaçava desabar...

Não houve tempo, a chuva torrencial caiu de repente com tal violência que mal tiveram tempo de parar os animais sob a copa do umbu, com raios e trovões pipocando sobre eles...

O temporal desabou com violência, trovões fuzilando e a chuvarada já derrubando água como cascata. Não demorando para o barro e troncos caídos rolarem obrigando os homens a procurar desvios. Resolveram prosseguir viagem assim mesmo, senão logo a escuridão da chuva estaria se misturando com a da noite, dificultando ainda mais a cavalgada. E o temporal, cada vez pior...

Os cavaleiros, ora se embrenhavam no mato, ora achavam pequenas clareiras, as vezes caindo nos fossos que as raizes deixavam na queda das árvores com cavalos se recusando a passar...

A trovoada passou. Da mesma maneira rápida e violenta que veio a chuva, foi embora, deixando estragos em sua rota. Troncos e galhos, trechos de estradas obstruidos, lama e água dos pés a cabeça da pequena tropa.

Mais alguns quilômetros e já estavam chegando na colina onde avistaram a casa de Anacatarina.

Toda caiada, com sinal de reforma recente, o que chamou logo a atenção dos cavaleiros. Alguma coisa existia na residência que o índio amazônico não engulia. "Por que em todas as casas moravam várias famílias reunidas e na de Anacatarina viviam somente ela e as filhas"? Os cavalos já estavam descendo a colina por entre camadas de barro escorregadiu e Uirá não parava de pensar: "Por que a casa reformada e pintada de branco, numa situação de penúria em que todos os habitantes por ali viviam"?...

Estando próximo do ponto de apearem, o último pensamento do sargento, o mais importante deles todos: "Se naquela casa não tinha homem, quem fez o trabalho pesado ou melhor ainda, quem pagou material e mão de obra"?...

Antes de descerem dos animais deram uma rápida olhada em volta, depois é que bateram palmas. Até o jardim estava bem cuidado, onde destacavam-se roseiras de várias tonalidades, com sinal de que a terra havia sido revolvida recentemente e a grama aparada com capricho. Tudo indicando serviço de algumas pessoas por vários dias...

Passaram junto das flores vermelhas das três-marias e não demorou para chegar na porta a anfitriã, rosto sereno, olhos marejados. Choro de alegria? A senhora pálida e bonita com longas tranças pendentes. Como sempre vestindo blusa de seda, de muito bom gosto, com ramagens floridas, vistosas. Charmosa e bela. Se a mulher chamou a atenção de Uirá, de Satan então que era mais velho que ele, mas não tão antigo quanto o restante da equipe do circo, sua reação foi de quase cair o queixo.

A "Dama da Colina" como já a chamavam os homens da tropa, abriu um largo sorriso de dentes bem colocados e ainda alvos.

As mulheres inclinam-se para os guerreiros que julgam ser heróis. Para elas todos são bravos e sofredores. Heróis e mártires. O sargento apertou a mão de Anacatarina e ela respondeu com afeto. Como sempre pegando-a com as duas mãos frágeis e apertando a calejada de Uirá.

Muito bem recebidos, os cinco cavaleiros mal entraram já foram se acomodando. Tendo o sargento iniciado o bate-papo perguntando inicialmente pelas filhas de Anacatarina.

—Mayã, está. Nadine foi visitar uma amiga e com essa chuva é provável que não venha hoje...

O ambiente interno também havia mudado desde a última vez em que eles estiveram ali por ocasião da morte dos dois "Chimangos" .Paredes pintadas e móveis novos. O castiçal de barro que ficava sobre a mesa logo na entrada, havia sido trocado por um de prata.

—Uirá, como vai?...

Uma voz doce feminina chamou por seu nome. A de Mayã, a quem havia salvo das mãos dos malfeitores soldados do governo, notórios estupradores e saqueadores de lares. Cintura fina e quadris fartos. Figura saltitante, cabelos flutuantes como as crinas de formosa potranca a corcovear alegre nos pastos sulinos, não se importando em ser domada por mãos calejadas...

Mayã mostrava o rosto um pouco diferente, pois seus cabelos agora estavam cacheados. Lisos ou enrolados ligeiramente tanto fazia. De qualquer maneira representavam molduras para um rosto de linhas harmoniosas e perfeitas.

Um aroma de perfume francês acompanhava os passos da jovem. E a moça torceu o nariz quando chegou mais perto para o abraço.

—Não te agrada cheiro de "maragato"? O perfume de revolucionário? —Brincou Uirá referindo-se ao desinfetante que caira sobre sua camisa. Com o sol e depois a chuva, parecia mais do que nunca, entranhado e fedido no tecido...

A moça riu e chegou-se mais perto até quase seu corpo quente encostar-se no do sargento, molhado e gelado.

Com a permissão das mulheres, todos os homens tiraram suas camisas enxarcadas, que foram colocadas próximo do fogo de lenha da cozinha. Na sala o gramofone foi ligado. E com a música iria por certo surgir a pobreza de costume, na forma de porções de bolo-frito, canecadas de chá de casca-de-laranja, ou talvez com a melhora da casa, uma cuia de mate fumegante. Se bem que a transformação externa e interna da residência prometia algo melhor. Mas a espectativa foi superada quando a anfitriã surgiu com uma garrafa de vinho fino estrangeiro e taças de cristal.

E ainda esnobou:

—Ou preferem champanha?

Risos e afagos. Disso é que estavam precisando aqueles homens da revolução. Companhia feminina e garrafas na prateleira. Mais uma rodada e a garrafa secou.

Anacatarina após servir os "maragatos", abriu um bau na sala e retirou do fundo uma faixa com o lema dos revolucionários: "Tudo pela liberdade". Bordada por ela em homenagem aos salvadores da sua família, das mãos dos famigerados soldados do governo, os odiados "chimangos"—segundo suas próprias palavras. Seus olhos brilharam de lágrimas.

A chuva voltou com a mesma intensidade da anterior. Pior ainda com o céu da noite misturando a tonalidades escura, o que impedia o retorno da patrulha. Homens e animais não poderiam enfrentar a mesma situação para a volta ao improvisado quartel, agora com o agravante da noite chegando já num breu total. E acompanhada do manto do frio, com vento gelado e cortante.

A anfitriã educadamente convidou-os a ficarem em sua casa, algumas horas. No que foi aceito rapidamente pela turma já alegre pela primeira garrafa consumida. Começando a ficar quente pelo álcool. Esqueceriam por uns tempos que eram os soldados da revolução.

Tirados os arreios, os cinco cavalos foram soltos num pequeno cercado nos fundos do quintal que ia até o outro quarteirão. Pelo menos ficariam livres de arreios e cargas, com direito a forragens. Milho, farelo e água não faltavam (outro mistério para o índio resolver: de onde e porque vinham), assim como alimentos e líquidos para os cinco inesperados visitantes. Esfomeados e sedentos de prazer pela companhia feminina.

Nova carga de vinho e iguarias finas foram providenciados na cozinha. Um garrafão foi aberto sob os olhos arregalados dos cavaleiros desacostumados's com bom trato e fartura...

Iluminados pela luz do lampeão, os olhos negros e grandes de Mayã ficaram mais atraentes. Assim como os cabelos espessos. Anacatarina percebendo que as intenções de Uirá eram mais para a filha, desistiu e passou a dirigir seu charme e seu jogo de sedução para o lado de Satan. Enquanto Cambalhota, Esfigênio e Gordolento se afastaram um pouco. O último não vendo a hora de forrar bem seu estômago. Apesar do tira-gosto sentia a barriga nas costas. Seus olhos não seguiam as belezas femininas mas em direção da despensa, se havia por ali bom estoque de toicinho, charque, feijão, sal, açucar. Coisas de sua preferência. Sem contar, a procura de linguiça no fumeiro, por cima do fogão de lenha...

Anacatarina notando a ansiedade de Gordolento, pediu licença e dirigiu-se à cozinha onde foi providenciar algo mais substancioso para a mini-tropa, pequena mas voraz. O vinho pedia alimentos e os homens estavam varados de fome.

A anfitriã em seguida pegou o rumo do galinheiro no quintal. De onde não demorou, trazendo quatro frangos dos maiores para a galinhada improvisada. O gramofone mudou o rítmo, passando para mazurca lenta e suave para dançar...

O cheiro apetitoso que vinha da cozinha chegou até a sala rapidamente. Tão inesperado, quanto a entrada triunfal de Anacatarina arrumando seus cabelos soltos. A primeira vez que a viram parecia uma colona. Agora tinha ares de senhora de cidade. Mudara de pastora a rainha, dentro das roupas vistosas. Havia tirado a calça comprida e as botas de sola grossa.

Regressou trajando saia de veludo e nova blusa de seda, mais linda que a anterior, tanto no colorido como no feitio.Com a certeza de que a fase sem roupas elegantes e sem pó-de-arroz havia terminado na casa. E entre algumas jóias que portava (brincos de pérolas), destacavam-se sobre os seios ainda em forma, um broche mantendo no centro pequeno diamante como minúscula gota de orvalho.

—Gostaria de convidar todos vocês para churrasquear. Mas dado o adiantado da hora, só poderei oferecer galinhada de panela, para manter essa pequena tropa em forma. Vocês devem ter cavalgado o dia inteiro...

A pedida não poderia ser melhor para Gordolento quase desmaiando de fome.

Percebendo que tão cedo Uirá e Satan não largariam a companhia das mulheres, Gordolento que depois de quase sacear a fome — mesmo tendo devorado a maior parte das iguarias expostas — foi o primeiro a ir giboiar num canto da sala. Cansado de tudo: andar a cavalo, beber e comer, foi só fechar os olhos para desmaiar e sonhar com anjinhos da paz, servindo-lhe milho verde assado, leitão pururuca, manjares e licores finos.

Esfigênio seguiu-o, ajeitando-se por quase em cima do encorpado companheiro — mais gordo do que nunca, a ocupar espaço em demasia....

Benê Cambalhota tentou ficar atento aos movimentos, mas seus olhos não mais habituados com aquele tipo de agitação regado a comida farta e boa e muita bebida alcoólica, foram fechando pouco a pouco. Apesar do ronco de Gordolento, não demorou para sonhar com a fase áurea do Gran Circo Aprigio. Até pronunciava baixo: — ***Gra-gra-gracias***! Aos aplausos delirantes recebidos da platéias...

Satan entusiasmado pelo excesso de vinho e por ter companhia feminina depois de longo e tenebroso tempo, não parava de falar. Contava sua vida desde a infância, nos mínimos detalhes. A atirar laços e boleadeiras, lembrando festas com guitarras e harmônicas; os namoricos da mocidade e até pôs-se a versejar.

Dos "maragatos" era o mais entusiasmado. Lembrou-se da dança "hora do pombo beber água" da Roda de São Gonçalo, um dos bailes mais característicos que tentava imitar os movimentos da ave quando se aproximava da aguada...

O sargento Uirá foi ficando embriagado como Satan, chegando a citar a revolução com a voz pastosa como se estivesse em praça pública:

—-Para o homem não é a forma de governo que o preocupa — é a honestidade desse governo, é a igualdade da justiça...

A hora imprópria. Anacatarina não parecia interessada na oratória, aplicava isso sim, seus tentáculos tentadores, os braços ainda bem feitos e macios sobre Satan. Enrodilhando como serpente, ajeitou a blusa de seda sobre o colo formoso e sem a menor cerimônia, convidou-o para irem ao quarto dela...

Ao adentrar o aposento íntimo da "Dama da Colina", Satan quase dormiu. Era a primeira vez em muito tempo que deitava num leito macio. Grande cama de casal, a única da casa...

Só não aconteceu de adormecer, porque para reanimá-lo estava Anacatarina toda perfumada sussurrando frases de amor no ouvido do guerreiro...

Uirá e Mayã aos abraços e beijos dirigiram-se para outro quarto menor, onde rolaram no chão mesmo, por sobre cobertores estendidos. Com o índio se manifestando:

—Por cima fitas e renda por baixo Deus me defenda!...

Na sala, Cambalhota depois de contar todas as piadas, tinha assoprado o toco de vela e apagado junto. Esparramados sem a menor cerimônia, o que restava da patrulha de barbudos revolucionários de botinas amarelas e sujas de lama, roncava a sono solto. Enquanto a chuva batia no telhado numa cadência sempre igual. Movimento interno, só do crioulo Esfigênio, lento como socó na beira do banhado. As vezes balançava a cabeça como cavalo com mutuca na orelha...

Quem ficaria de sentinela?

Tal coisa nem passou pela cabeça repleta de vapores alcoólicos, do sargento que comandava a patrulha...

## A humilhação

Garças voavam em círculos no infinito azul. E um gavião mais abaixo parava no ar observando o movimento. Passadas a noite, a chuvarada que enxarcava os campos, o que restou da patrulha chegou finalmente junto do grosso da tropa. No latido ansioso da cachorrada e sem as piadas contadas por Cambalhota.

A missão, ao contrário da que salvou companheiros, perdeu companheiro.

Quando acordaram na casa de Anacatarina, para maior surpresa deles, dois dos melhores cavalos tinham sido roubados com arreios, do quintal. E o culpado Uirá que não deixou ninguem de guarda...

Estavam desmoralizados. Cabeça estalando de ressaca, a pequena tropa parava mais do que cavalo de mascate. Quase de baixo de seus pés, quero-queros a todo instante levantavam vôos, emitindo sons estridentes parecendo rir dos cavaleiros.

Uirá lembrava-se dos beijos com a doçura do guabiju e as mãos finas e delicadas a acariciar seu corpo. Meteu o reio no animal que estava lento para seu gosto e se arrependeu:

—Quem tem culpa no cartório não se mete em julgamento...

No final a cena comentada junto do grosso da tropa tinha sido o maior vexame para o sargento que, como castigo acabou perdendo a patente. Voltou a ser soldado raso e só não pegando cadeia por ser um herói no salvamento dos feridos, na operação resgate.

Foi humilhante demais para o índio cheio de brios. Ficar ali de pé na frente de todos ouvindo sermões. Falou baixo para si mesmo:

—Quem tem rabo preso não se senta quando quer...

Mas o pior ainda viria. Acabou perdendo também o amigo de tantos anos: Satam desertara!...

Os cinco cavaleiros regressaram revesando-se nos três animais restantes. E foi na metade do caminho que Satan pitando um palheiro de cinco dedos, revelou a sua decisão irrevogável. Estava cansado daquela guerra entre irmãos. Para ele esforço inútil, batalha perdida. Entrara nela sem o menor idealismo, somente para acompanhar os companheiros que restavam do Gran Circo Aprigio. E portanto ia se desligar. Abandonaria daquele momento em diante as tropas de revoltosos.

Uirá ainda tentou convencê-lo de que estava dando um mau passo.

—Foi Anacatarina quem te influenciou, não foi? — Pensando em colocar um cabresto na língua daquela bruaca velha. — Cuidado com ela! Deve ser "chimanga" das maiores! Observou como as coisas melhoraram só naquela casa? Isso não é normal em tempo de guerra. Ali tem algo estranho. Na escola que ela está ingressando nós já fomos expulsos, companheiro. Para falar mais claro, tem alguem muito importante financiando; armando alguma coisa por ali e dando as cartas...

Satam tentou esboçar reação. Foi falar, mas o índio encerrou:

—Não se troca o caminho pelo atalho!...

Como as palavras não adiantaram, Uirá guascou o animal, enquanto Satan permaneceu irredutível. Decididamente, pretendia voltar aos braços de seda da atraente Anacatarina e ponto final. Despediu-se dos amigos ali mesmo e seguiu de volta, como presa conformada. Vítima que aguardava com ansiedade os perfumados e macios tentáculos para envolvê-lo com carinho...

Foi penoso para Uirá o regresso junto à tropa. Como doeu a vergonha de chegar no acampamento sem dois cavalos e sem um dos comandados, que afinal não morrera, desertara nas suas barbas!

O índio não era de mentir. Por isso mal chegou contou toda a verdade aos oficiais. Só não confessou em que casa ficara para se protegerem do temporal. Nem em companhia de quem...

Passados alguns dias, Uirá foi se conformando, ao perceber que caso de deserção, afinal, não era novidade naquela guerra civil e em nenhuma delas. Não se tratava de coisa nova por ali. Tanto que, com a volta do comandante Angelo Dourado para a linha de frente, chegaram também notícias a respeito. Outros mais importantes que simples soldados haviam trocado de lado. O major Azevedo, aluno da Escola Militar, juntamente com demais companheiros, desertaram das fileiras do Exército para compartilharem dos sofrimentos dos revoltosos. E a quem o general Salgado distinguiu como aos seus acompanhantes, dando-lhes imediatamente o posto de igual patente...

E trouxe mais informações o comandante, a posição das forças da Revolução da Liberdade, que estavam assim divididas: Estácio Azambuja em Itapucú, guardando um caminho que ia ter a Blumenau. Augusto Amaral, no Rio Negro, divisa do Paraná, caminho de Tijucas, onde se achava uma guarnição florianista, preparando uma estrada de rodagem.

Piragibe, depois de repelir as forças do general Argolo, marchou sobre a Lapa, pelo rio da várzea. As posições que ocupavam as forças da revolução eram todas determinadas pela exigências do momento.

Uma marcha pela Tijuca buscando as estradas coloniais poderia em combinação com Pinheiro Machado, colocar os revolucionários em dois fogos, o que se daria também com as forças da Lapa. Em Joinvile, achava-se o Estado Maior e escolta de Gumercindo Saraiva, as forças dos coronéis Riquinho e Macedo Fulião e perto da cidade as de Aparício Saraiva.

Gumercindo Saraiva resolveu marchar para Itajai, onde deveria se encorporar às forças de Laurentino com as de Estácio Azambuja, para atacarem Pinheiro Machado, tomando-lhes a retirada. Aparício Saraiva seguia para os sertões de Jaraguá, para recebê-los de frente, privando-os de buscar encorporações com as forças peixotistas, no Paraná...

Angelo Dourado estava alegre. Contente com a posição das tropas rebeldes que eram boas na sua opinião e pelas adesões cada vez maiores. E já planejava a próxima missão. Jaques Ourique, que tinha sido nomeado comandante da artilharia, seguiria na nova investida, levando dois canhões de tiro rápido. Cuja guarnição contava muitos ex-alunos da Escola Militar, entre eles, Azambuja, Maia e Armando Sampaio Ribeiro.

Artur Maciel seguiria como delegado de Gumercindo Saraiva nessa expedição arriscadíssima em que deveriam se meter por inóspitos sertões. E onde poderiam ser colhidos por dois fogos. Inclusive comentava-se, que haveria a possibilidade de enfrentarem o famoso canhão Krupp!

Enfim como naquela guerra entre irmãos o que mais se ouviam eram os boatos, não se abalaram muito com a notícia, que poderia ser falsa. Angelo Dourado confiava muito na empreitada e até arrumara alguns soldados extras: imigrantes alemães para ajudarem.

Aparício Saraiva seguiria a cavalo, e as forças, nos veículos dos alemães: uns carroções desajeitados. Meio carroças, meio carretas, mas cobertas e com espaço suficiente para o transporte que desejavam. Angelo Dourado e os oficiais Jaques Ourique, Artur, Gentil e toda a tralha de guerra foram se ajeitando nas carretas, com o comandante recomendando aos alemães que fossem rápidos. Tinham pressa de chegar porque longe deveria estar a vanguarda. E sabia que aqueles estrangeiros eram lentos. Seguiam, faziam a marcha como se fossem para uma feira onde deveriam vender suas mercadorias.

Em todo ribeirão que paravam e iam buscar água, os cavalos é que mergulhavam nele a boca primeiro. Depois seguia o condutor levando o balde à boca, com o resto que os animais deixavam...

Para os carroceiros estrangeiros, os cavalos tinham regalias fraternais. Quase nunca os castigavam. Para marchar tinham um grito especial que os cavalos compreendiam, sem que fosse preciso o uso do chicote: Ilú! Para parar, outro: Brrr! E eles paravam imediatamente...

Angelo Dourado ria dos companheiros do Sul, acostumados a montarem em seus cavalos ágeis, obedientes, agora seguindo amontoados nas carretas, olhando a cara uns dos outros. Que pediam, rogavam, para os alemães obrigarem seus cavalos a dar uma troteada, algo mais rápido, enquanto os carroceiros permaneciam estáticos. Não entendiam as instruções ou fingiam não compreendê-las. Alguns revolucionários chimarreavam ou cantavam. Outros jogavam cartas e os demais conversavam aos gritos com aqueles que seguiam nos carroções vizinhos.

Assim, a destruir pequenas plantas de flores roxas da picada, a prensar guaxuma e capim-de-bode que a margeavam, tropeiros e guerreiros "maragatos" dirigiam-se esperançosos contra o inimigo.

# O bruxo

No acampamento do grosso da tropa, por entre arreios e cavalos encilhados debaixo do caramanchão de guaco e madresilvas, o soldado Uirá aguardava instruções, que não demoraram a chegar. Os oficiais precisavam além de mantas de charque, sal e açucar, também de regular estoque de remédios. Em especial, o que existisse de iodofórmio, para curativos dos soldados e tecido branco para fazer ataduras. Além de medicamentos para alguns animais feridos. E encarregaram Uirá de providenciar.

Porém, como castigo não poderia ser ele — que teria de ficar como sentinela por tempo indeterminado, até aprender o valor do ato de vigia numa guerra — segundo os oficiais. Uirá apenas indicaria a pessoa que pelo menos conhecesse onde ficava a única farmácia da vila.

Remédio para cavalos? Ninguem melhor para buscar do que o negro "espanador da lua" Esfigênio, perfeito entendedor do assunto. Famoso curador de animais, porque conforme diziam, "tinha parte com o dianho". Cura de bicheira de gado, cães, era com ele mesmo. Além do que, conhecia o caminho. Sabia que a farmácia ficava ao lado da igreja onde haviam parado na fatídica "missão Anacatarina" de memorável porre.

Ao ser chamado, o negro magricela banhado de suor afiava a espada depois de ter azeitadado o revólver. Por medida de segurança, mantinha o armamento com capricho. Levantou-se e ficou de prontidão aguardando ordens, com o jeitão de sempre: desânimo estampado no rosto. Iria mais a gosto, se fosse para averiguar aparições de almas do outro mundo; desvendar mistérios do além e colaborar em feitiçarias...

Como não saiam sozinhos, foi providenciado mais três cavaleiros para acompanhar Esfigênio, que já estava decorando a senha para as sentinelas quando os brecassem na volta.

Além da compra de alimentos e medicamentos — a pedido de Uirá — os homens dariam uma rápida passagem na casa caiada de fresco da "Dama da Colina", para saber como estava passando e se portando Satan. Que tudo indicava, enrabichado pela bela mulher madura, deixara a tropa, abandonando de vez a revolução entre "chimangos" e "maragatos"...

Relâmpagos clareavam o escuro do horizonte. Esfigênio com mão firme puxou o cabresto do rosilho para junto de si e segurou-o com a boca. Ajeitou a bombacha e deu um quebra no chapéu, pensando na possibilidade de encontrar pelo menos um licor de laranja disponível, que por certo a bela e gentil anfitriã não lhe negaria. E naturalmente servido por uma das maravilhosas filhas...

## A surpresa

Acompanhados dos latidos tristonhos e distantes de cães vadios perdidos de seus donos na guerra, alguns homens jogavam cartas debaixo das timbaúvas. Enquanto Gordolento devorava o que restava do guisado de carreteiro, e os cavaleiros vinham voltando prontos para dizer a senha aos sentinelas.

Tendo na frente o crioulo, delgado e rijo como uma guajuvira. A carapinha branca protegida por chapéu de aba larga. Esfigênio chegava com alimentos, panos brancos, medicamentos e todo o estoque de iodofórmio que encontrara na única farmácia. E também com a novidade para Uirá: Satan não se encontrava na casa de Anacatarina...

—Não estava, como? Mas está morando lá?... — Indagou surpreso e preocupado o índio.

—Negativo. —Respondeu lacônico o negro comprido e magro, toco de cigarro na orelha, ajeitando o chapéu gasto e ensebado. — A dona disse que ele não apareceu por lá. Nem teria porque. Na casa dela, ele não ficaria, jamais...

—O que? — Assustou-se Uirá. — Agora quem não está entendendo sou eu...Para onde teria ido então o estabanado?...

Sem dizer mais nada o negro baixou a cabeça, parecendo envergonhado e estar escondendo alguma coisa ruim do amigo. Retirou-se pensativo pela fileira de caraguatás que ornava a estrada. Parou junto da figueira grande sempre a pensar seriamente e colocou uma das pernas compridas por sobre as varas da porteira.

Bateu fogo no isqueiro de chifre, deu longa baforada no palheiro e nem chegou a tirar do lombo do animal a mala de pano que o acompanhava sempre. E, onde diziam as más linguas, continha toda a sua tralha de feitiçaria...

# A xingação

Um guerrilheiro pitando cigarro de palha, de palmo de comprimento, mantinha o olhar perdido no horizonte, acompanhando o vôo solitário do gavião-de-penacho que sobrevoava a mata repleta de guajuviras. Outro sentado em banco de pau, vara de pescar na mão esperava que o anzol trouxesse pintado ou pelo menos uma traira, como prêmio pela paciência. Um terceiro revolucionário, remexendo pequeno bau de fotos e bugigangas revirava também o passado trazendo próximo as lembranças dos braços quentes e macios das chinas das querências...

Durante a noite quem sumiu foi o magrelo Esfigênio, velho socó preto estradeiro, que não respondeu a chamada. Procurado por toda a parte do acampamento "maragato" causou decepcão e apreensão. Não era atoa que o caboclo andava arrediu e ressabiado, resmungando pelos cantos...

—Mais um? Não é possível. O que está acontecendo com meus amigos? — Reclamou Uirá para Cambalhota, que ficando mais gago ainda, parou de contar a piada repetitiva para Gordolento sempre mascando algo para sua fome incontida.

A resposta não demorou a chegar, com a presença inesperada de Anacatarina no acampamento, logo nas primeiras horas da manhã. Dessa vez as lágrimas eram de fúria. Chutou o côcho que estava no chão de terra batida, junto da moita de espinheiro. E até meteu o pé no velho cão que acompanhava a tropa. O animal saiu ganindo...

A mulher só parou de esbravejar e chorar, para reclamar com Uirá, que Esfigênio havia fugido com sua querida Nadine...

—Imagine, logo quem, um porongo preto. Aquele negro de cabeça branca, desdentado, que podia ser avô da minha filha. Feio como a mãe do sarampo. Um joão-ninguem, filho de jacaré com cobra dágua e minguado de grana. Miserável desencaminhador de menor!...

Para espanto de Uirá, a mulher não parava de ofender Esfigênio:

—Velhaco! Cabungo! Pongó!...

Uirá a princípio não acreditou na história. Não era possível, e muito para sua cabeça. Pediu calma, para raciocinar. Estava confirmado, mais um desertor? E fugiu com uma bela loirinha novinha daquelas! Então Uirá não entendia nada de amor...

—Você tem provas? — Ainda tentou inocentar o amigo.

—Veja este bilhete da própria mão; é a letra da minha filhinha. Não me conformo, tão prendada, se enrabichar por um coisa-ruim, cachaceiro, daquele. Poste preto, magro e horroroso. Por dinheiro tenho certeza que não foi, pois tinha conforto em casa. Só pode ser "coisa feita". E se for isso, esse peste safado tem que levar uma surra de rabo-de-tatu, de criar bicho no lombo...

—Quanto a "coisa feita", não duvido. Há tempos nós sabemos que o preto velho mexe com assuntos estranhos. Além de curador afamado, de animais, entende como ninguem de macumba e feitiçaria. Lidou o tempo todo com isso...

Uirá só não sabia da eficência no ramo, a rapidez. Esfigênio não ficara mais do que uma hora com a moça, a sós. Enquanto ela servia água. Mas foi tempo suficiente para fazer a cabeça dela, marcar encontro e fugirem!...

—Pilungo chulé! Matungo pangaré pesteado! Aspa-torta de uma figa!...

Prosseguia Anacatarina na xingacão e inconformada com o fato. Falando até em marcar Esfigênio para toda vida — "amarrar as patas do bicho e meter o ferro quente"...

Tentando acalmar a mulher, Uirá mudou um pouco de assunto. Aproveitou a presença de Anacatarina junto da tropa para esclarecer de vez o mistério acontecido com Satan. Seu desaparecimento. Mas pegou a mulher num mau dia.

—E quanto a Satan, esteve na sua casa?

Anacatarina não estava disposta a mudar de assunto portanto foi seca e grossa:

—E eu quero saber desse homem? Outro duro! Sei lá por onde anda... Quer mais? Estou farta de "chimangos" e "maragatos"! Quero é saber da minha querida filha Nadine... — E novas lágrimas surgiram nos olhos da inconformada Anacatarina...

—Sinto muito, lamento não poder fazer nada, agora nem mais sargento sou. Como soldado a única coisa que posso recomendar é que você se dirija ao oficial de dia, para as providências de praxe. Apesar dela ter ido de livre e expontânea vontade, é crime por se tratar de menor...

O diálogo foi interrompido pois tinham coisas mais importantes para resolver. Sobre o país! Sentinelas avistaram forte patrulha dos republicanos que vinha escondendo-se pelas matas para ver se conseguia surpreender os federalistas. E segundo o serviço de informações dos revolucionários, aqueles homens em formação poderia ser um piquete inimigo que trazia carregamento de mauzers alemãs. A última palavra em armamentos sofisticados.

Precisavam deter os soldados e apreender as armas, imediatamente.

O começar do reboliço no acampamento com homens se preparando para o ataque, espantou de vez Anacatarina. Que perdeu a classe e a pose. Parou de praguejar e exclamou para quem quisesse ouvir:

— E pensar que tempos atrás, cheguei a pagar doze contos de réis, para pouparem a virgindade da Nadine...

Partia às pressas, brava como jararaca no cio. Lábios trêmulos, tragando o cigarro com fúria, soltando fumaça feito dragão. E derrubando lágrimas pelo caminho...

Talves até então, as únicas verdadeiras.

## A pasmaceira

Cercados de matas repletas de guajuviras e timbaúvas, alguns homens preguiçosamente jogavam truco, sem ser aos gritos. Outròs debaixo de palmeiras baba-de-boi ateavam fogo em gravetos para o preparo do mate com pão seco. Novidades quase nenhuma para a equipe do circo, cujo batalhão parecia estacionar naquele trecho. Empacara como mula, não saia mais dali...

Ah, tinha uma notícia recente, mas sem a menor importância para a história da revolução...

Gordolento sempre atrás de uma boa panela de feijão com charque e pão sovado no forno, engordava a olhos vistos; mais parecia uma abóbora a cavalo. Avolumara-se tanto, de maneira nunca vista nos últimos tempos, para espanto daqueles que o conheciam bem. Ultrapassando em pouco tempo a marca dos 100 quilos. Quanto mais cavalgava mais engrossava o físico e alterava a pança que derrubava sobre o lombo do animal. Até que resolveu, para alivio dele — e principalmente dos cavalos — pedir que o destacassem para a cozinha junto dos anões da retaguarda, Tibúrcio e Ascêncio.

—Quem te compra por um quilo, leva quilo e meio bem pesado!...

Brincou Uirá com o gordo. A princípio julgaram ser malandragem, desculpa para ficar mais próximo da comida, cuidar de assados, lidar com feijão e toicinho. Mas depois de analizado seu pedido, e alguns exames feitos, os oficiais notaram que a gordura não era normal, chegava a estourar as roupas. O homem na verdade não tinha mais mobilidade para combate, além de sacrificar os animais com a carga exagerada.

Assim, para alívio de todos, Gordolento foi finalmente destacado para ficar junto do que tanto adorava: sal, açucar, charque, feijão, arroz, café, farinha para biscoitos e estoques de latas de sardinha...

A tropa continuava tomando posse do território, até que surgiu algo diferente. Uma mensagem do comandante Angelo Dourado, pedia que reunissem alguns companheiros (talvez 5O) para seguirem até eles. Pedia reforço urgente de homens e principalmente munição.

Não demorou, estavam seguindo as pessoas solicitados, distribuidas em carretas e cavalos, além de burros. E entre armamentos, víveres e soldados, estavam Uirá e Cambalhota. Unicos que sobraram da equipe do circo, em condições de lutar em defesa da Revolução da Liberdade, como tropa de vanguarda.

—Quem espera por sapato de defunto morre descalço! Vamos em frente... —Resumiu Uirá, louco para entrar em ação novamente.

O velho Cambalhota nem tanto. Nervoso, gaguejava como nunca. Parecia boi que partia para o matadouro. Desanimado, tirou o cigarro de palha de trás da orelha, batendo fogo no isqueiro. Duas ou três longas baforadas ai sim, esporou o zaino que saiu na galopada certa debaixo dos galhos das timbaúvas...

O velho Cambalhota nem tanto. Nervoso, gauchejava como nunca. Parecia boi que parou para o matadouro. Desanimado, tirou o cigarro de palha de trás da orelha, batendo fogo no isqueiro. Duas ou três longas baforadas, e aí espiou o zaino que saiu na galopada certa debaixo dos galhos das umbaúvas...

# O canhão

O grotão onde estavam era fundo e negro, visitado por capivaras e até jaguatiricas. A bruma fria a tudo envolvia na noite quieta entre ramos da capororoca. Fora o coaxar dos sapos, apenas o movimento dos cavalos de montaria e burros de carga, disputando a pouca água servida em cascos de cágados.

Alguns homens barbudos entravam firme no soquete — a sopa grossa que tinha se tornado um pirão de farinha e carne.

Os 50 "maragatos" que haviam partido para o encontro com os homens de Angelo Dourado, não tinham ainda chegado ao seu destino. Escurecera rápido como em toda mata fechada, e por isso pararam onde prosseguiriam a cavalgada no dia seguinte, pela madrugada. A casa que os acolhia era enorme e antiga. De madeira, com alpendres e vários galpões em torno, mantendo ligações entre si.

Além de piadas, Benê Cambalhota contava também histórias de suas andanças pelo Brasil e principalmente mentirosas, com tamanha seriedade que raros eram os camaradas de armas que não acreditavam. Mas aquela era demais. Começou — para amenizar a noite fria — contar para os companheiros do improvisado acampamento, que certa vez, caçando bugio, apontou a arma para uma bugia e ela mostrando-lhe o filho, ele baixou a arma.

Tornou a apontar e ela tornou a mostrar-lhe e ele voltou a baixar. Afinal resolvendo de vez a situação apontou com resolução de não baixar sem disparar, quando ouviu a bugia dizer a um bugio que passava: —Toma Salatiel, teu sobrinho; porque o senhor Benê Cambalhota vai me matar.

—Aquele di-di-dia não ati-ati-atirei, porque não mato conhecidos! — Encerrou o ex-palhaço...

Algumas risadas melhoraram o ambiente em torno do fogão-de-chão onde esquentavam alguma coisa para mastigar e na passada do chimarrão, da noite fria e silenciosa no local onde se refugiaram. O abrigo serviria de acampamento por umas poucas horas apenas, até o dia clarear e acertarem o rumo que haviam perdido, repetiam os oficiais nas instruções, para que os soldados da revolução federalista não pegassem no sono.

Mas o silêncio era profundo, não normal numa mata cerrada, mesmo na escuridão. Um porco-alçado ainda passou em disparada como avisando o que vinha atrás...

Não tiveram tempo de encerrar o bate-papo enquanto esquentavam o improvisado jantar. Nem dizer boa noite, aqueles que desobedecendo ordens pretendiam tirar um pequeno sono. Vários deles, já tinham encostado a cabeça nos arreios jogados no chão a guisa de travesseiros para o devido repouso, quando os estouros se sucederam. Tantos e tão violentos que pegaram a tropa de surpresa, espalhando gente para todo lado. Ameaçando estrago sem limites na escuridão...

Uirá estava de sentinela com mais dois homens. Todos a cavalo, portando lanças e nem sabiam o que fazer diante do inesperado. Os animais apavorados, corcoveando derrubaram dois dos cavaleiros que deviam estar cochilando. Os homens assim que cairam, correram para dentro do enorme casarão junto com o resto do pessoal. Enquanto Uirá manteve-se firme sobre o animal, mas cavalgava desnorteado sem saber o que fazer e de onde vinha o bombardeio macificante. Que não dava folga. Parecia o mundo desabando sobre suas cabeças...

O inimigo "chimango" chegara de surpresa na calada da noite, mas pelo visto já havia preparado o ataque com bastante antecedência, dada a precisão de seus tiros. Tudo fora calculado muito bem. Possivelmente tropas do Exército que vinham observando de longe a caminhada do piquete revolucionário, apanhara-os desprevenidos certos de que acampariam ali. No casarão transformado em ratoeira. No escuro, dentro de velho abrigo que serviria de armadilha da morte, castigavam de maneira nunca visto até então, naquele trecho da guerra entre irmãos.

Muitos já eram os feridos gravíssimos e mortos espalhados por todo o local, somente nos primeiros ataques, que foram maciços e certeiros na emboscada sem muita saída. Até que surgiu pequena pausa nos bombardeios. Uma trégua talvez, mais para avaliação dos estragos causados pela quantidade de explosivos arremessados em tão pouco tempo. Verdadeira chuva de fogo que promoveu carnificina de onde poucos escapariam.

Acalmados os ataques, ouviam-se gemidos e gritos alucinantes de homens mutilados; arrastando membros em frangalhos. Havia somente dor e desespero tomando conta da casa-abrigo...

Alguns oficiais pediram aos carroceiros alemães que fossem até uma fonte em frente a casa grande para apanhar água para os feridos, já que suas carroças ainda mantinham os cavalos presos e arreados. Os pedidos foram encarados como ordens, que os estrangeiros simplesmente se recusaram a cumprir. Apavorados com os bombardeios, não só desobedeceram como montaram no que restara de animais para fugirem daquele inferno. Sem antes xingar na língua alemã, alegando que aquela guerra não era deles. Preferiam desobedecer — correndo o risco de serem fuzilados ali mesmo — e desaparecer, do que tentar buscar água e passarem descobertos a vista do inimigo estrategicamente melhor colocado.

Tudo fora muito rápido parecendo um terrível pesadelo.Uma simples passada de olhos mostrava feridos e mortos às dúzias no casarão...

Com a recusa dos estrangeiros, Uirá que estava a cavalo prontificou-se a ir buscar água para os feridos que davam gritos alucinantes. Largou a lança que ainda segurava e substituiu-a pelo balde. Outros vendo o gesto acompanharam-no a pé, o que muito ajudaria pois havia também indícios de princípio de incêndio, em vários pontos do abrigo. A velha casa grande de madeira transformara-se no alvo ideal.

Cambalhota também aderiu a operação em busca do líquido tão precioso, agora mais do que nunca.Uma parte dos homens levava baldes cheios até as portas, do que existia de estrutura enquanto outros jogavam para dentro e nas paredes de tábuas já em combustão.

A antiga construção de madeira com galpões em volta, estava exatamente na linha de fogo inimigo e não poderia haver escapatória. A tendência era desaparecer de vez com tudo dentro. Assim eram as normas de guerra. Os oficiais revoltosos sabiam disso. Falharam e haviam caído numa armadilha de onde não mais sairiam com vida. Mesmo assim os oficiais não desanimavam seus subordinados. O que fazer aqueles que ainda estavam em forma? Sair em disparada pelas matas fechadas, deixando para trás companheiros feridos? Jamais...

Alvo predileto das tropas republicanas, o chão do abrigo por dentro tinha se tornado lamacento com o sangue que escorria. Os maiores estragos haviam sido feitos por explosões de granadas. Fora as balas que sibilavam às centenas aumentando o perigo.

A trégua finalmente terminara. As tropas do governo depois de pequeno intervalo para analizar estragos, observar talvez se haveria rendição através de bandeiras brancas expostas, resolveram "terminar o serviço iniciado", conforme a terminologia da guerra...

Explosões maciças e tiros de fuzis e metralhadoras em grande quantidade recomeçaram, parecendo o fim do mundo na mata antes calma e silenciosa. E as tropas de "maragatos" encurraladas na escuridão avermelhada por clarões, sem saber em quem atirar. Por falta de balas não era, até que estavam bem municiados pois justamente levavam, além de homens, armas e munições para o comandante Angelo Dourado.

Até que correndo na última viagem com o balde numa das mãos, uma granada certeira explodindo estraçalhou as duas pernas de Cambalhota, que caiu gemendo no meio do caminho entre a fonte e a casa...

Corajoso como leão gravemente ferido, o ex-palhaço com os membros em frangalhos tentou cortá-los de vez. Chegou a pegar na faca para isso, mas devido ao nervosismo esta caiu-lhe da mão. Foi arrastado, finalmente, para dentro da casa, por Uirá que vendo o sofrimento desesperado do amigo, apeara do animal para socorrê-lo no meio do intenso tiroteio. Deixando um rastro de sangue por onde passavam...

Dentro do pouco que restava da casa, um oficial-médico, major dr. Fritz, correu rapidamente na direção dos dois. Deitaram o ex-palhaço sobre um estrado de madeira. O doutor sem recursos naquela situação desesperadora, tinha de tentar ligar artérias, serrar óssos lascados, fazer curativos. Sozinho ou mal ajudado por companheiros sem a menor noção, o trabalho tornava-se pesadíssimo para o médico que percorria quase de joelhos, o chão de terra batida, transformado em leito da maior parte dos infelizes atingidos.

Chegou uma hora em que o major dr. Fritz quase não podia erguer-se tal o cansaço e a câimbra provenientes da posição de baixar-se até o chão. Enquanto as balas caindo nos tetos de tábuas pareciam chuva de granizo. Num canto Cambalhota estava pálido pela dor e pelo sangue que perdia, mas seu olhar não esmorecia.

Implorava um gole de cachaça a todos que passavam próximos, numa aflição sem limites. Comovia o mais frio dos soldados.

—***Caña**, **caña**. **Um go go-golito*** só...

Novos feridos graves chegavam a todo instante e iam se acumulando no chão úmido de água e sangue, até perto do único oficial-médico da tropa de heróis, que morriam mas não se entregavam. O major dr. Fritz ia pedindo que colocassem os homens num canto, estendidos, dando atenção primeiro aos feridos mais graves, se bem que ali não havia muita diferença, todos pareciam mal.

Quando um tenente gemendo e aos palavrões levantou-se para o curativo, o dr. Fritz foi enérgico

—Por que geme, xinga e se queixa desse jeito, se perdeu só um dedo? Seu ferimento não é grave. Aquele homem sem pernas suportou curativo sem se lastimar tanto...

As pernas completamente esfaceladas de Cambalhota, requeriam amputação imediata. Mas ali, naquele braseiro infecto e escuro, não haveria a menor possibilidade de uma operação. O major-médico colocou antissépticos para poder atender outros. Enquanto o paciente esperava...

Na verdade esperar o que? Uma oportunidade que jamais surgiria? Uma investida a mais dos "chimangos" e todos ali seriam colhidos e eliminados como ratos engaiolados — Era a certeza do oficial-cirurgião sem poder transmitir o desânimo.

Uirá apoiava a cabeça de Benê Cambalhota que já delirava por entre o sibilar das balas. Sem saber se o ex-palhaço fazia piada de sua própria desgraça ou falava sério:

—Não deixem pe-pe-perder o meu pé. Que-que-quero mandar para minha mãe. É o melhor pre-pre-presente que pode dar à uma mãe rio-grandense, um fi-fi-filho revolucionário...

Olhos esbugalhados Benê Cambalhota pediu cachaça, um gole só. Implorou ao amigo, mas não perdeu a valentia no delírio, nem gaguejou na última frase:

—Gaúcho "maragato", tchê, não se entrega...

Uma granada veio certeira, mas felizmente acertou o pau que sustentava o teto e explodiu, caindo longe os estilhaços. Umas poucas polegadas para a direita ou para a esquerda e ela teria perfurado à frágil parede de tábuas e todos naquele trecho seriam vítimas. Contudo o choque foi tão forte que o major-médico dr. Fritz caiu de bruços sobre o ferido e o ajudante Uirá.

O fogo foi aumentando num tiroteio sem parar onde, os "maragatos" apenas se defendiam se é que poderia chamar assim o que faziam. Até que uma bala perdida acertou o peito de Cambalhota já em estado delirante, tingindo-lhe também de vermelho vivo a parte de cima do corpo.

O ex-palhaço virou o rosto parecendo demonstrar vergonha de morrer na frente do amigo. Sem ao menos poder despedir-se de Uirá, deu o último suspiro em seus braços. Não tinha mais que cuidar da revolução nem contar piadas. Seu papel estava terminado no palco da vida...

Uma vez constatada a morte de Cambalhota pelo médico que o atendia, Uirá foi socorrer outros feridos, já que não podia dar um único tiro sequer. Na escuridão total, a não ser iluminada pelos clarões das explosões, nem ao menos sabiam de onde vinham balas e granadas...

Novamente o major-médico dr. Fritz pediu ao auxiliar Uirá que desse um jeito. Num esforço supremo que poderia custar sua vida, num ato de coragem maior, sem limites, enfrentasse o tiroteio a céu aberto. Que deixasse a casa por uns minutos e fosse até a fonte outra vez apanhar a água tão necessária. Não era uma ordem de oficial para soldado e sim um ato de misericórdia, caridade para com aqueles que imploravam pelo líquido.

—A água é de vital importância para os febris. Veja como eles gritam, gemem, e deliram, por ela...

O oficial não precisou terminar a frase nem de mais justificativas. Uirá já estava saindo para a arriscada missão, enquanto a esperança parecia ter abandonado a todos no lugar transformado no inferno em vida...

Mal chegara a fonte, passando por balas que assobiavam por sua cabeça como riscos incandescentes, nova explosão ouviu-se e desta vez a mais violenta delas todas. Uma só e fês-se silêncio total...

Como não viram durante a pequena trégua, que nenhuma bandeira branca fora asteada no que restava da casa, em sinal de rendição, um canhão do Exército deu o tiro de misericórdia na brava gente revolucionária. Tal o estampido e o estrago provocado.

O que restava da casa grande de madeira, com alpendres e galpões, outrora magnífica construção de estância, em parte incendiada, explodiu de vez, desintegrando-se. Ao sumir, o estouro foi ouvido a quilômetros. A cena assemelhava-se a fogos de artifícios iluminando a noite fria, quando tudo foi pelos ares, arremessando pedaços de madeiras incandescentes para todo lado..

Entrara finalmente em ação o que os federalistas mais temiam. O famoso canhão Krupp! Não era um monstro de mil bocas de fogo. Uma só e poderosa. Com um único disparo e certeiro, mostrou-se causador de estragos jamais presenciados..

Com o impacto, a deslocação de ar arremessou Uirá vários metros para trás. Deitado, quase desmaiou de medo e emoção. Passados alguns minutos recuperou-se. Sentou no chão encostando-se no tronco de um pinheiro — das poucas árvores que ficaram de pé — com os olhos fixos no que via. Não estava acreditando. A casa grande com tudo que tinha dentro, mais o que havia em volta, desaparecera em questão de segundos...

O índio que nunca vira o famoso monstro Krupp, continuou sem saber que ele estivera tão perto.

Único sobrevivente da tropa de 50 "maragatos", Uirá permaneceu estonteado por vários minutos, entre destroços de carretas e carreteiros, cujos corpos foram arremessados aos pedaços de dentro da casa em chamas...

Ficou imóvel, mudo, a observar o estrago total como hipnotizado. Passou a mão, não tinha ferimento grave, apenas escoriações pelo corpo todo. Cortes e hematomas, parecendo ter tomado violenta surra de pau.

Levantou-se finalmente e procurou afastar-se do enorme fogaréu que ia tomando conta de toda a área já atingindo parte da floresta. O clarão do incêndio que devorava a mata, estendia-se como monstruosa serpente luminosa. Não se notava o menor sinal de vida. Reinava paz profunda, como obedecendo toque de clarim de algum soldado fantasma a prestar homenagem aos mortos da batalha. Nenhum grito ou gemido, a não ser o crepitar do fogo a tudo devorando vorazmente...

Um cavalo desorientado, banhado de suor, trazendo nos olhos o pavor, muito mais assustado do que Uirá, passou manquitolando sem o arreio, portando apenas o cabresto balançando. O animal parou junto da palmeira gerivá que protegia a fonte, apenas para beber água. Um pangaré; se notava pelo estilo que não era montaria de oficial.

A cabeça do homem que parecia ser o único sobrevivente da catástrofe que dizimara a tropa, funcionou rapidamente. Uirá não poderia perder a oportunidade, quiçá a única para se safar do inferno em que se metera: tentar montar em pelo. Porque tudo indicava que os "chimangos" iriam chegar para ver o estrago, e o índio conhecia a fama das tropas do governo: degolavam os feridos e prisioneiros, sem piedade.

Aproveitou pequena distração do animal tenso a beber, chegou de manso e segurou fiorme o cabresto. A princípio o tordilho capenga refugou, tentou até pular, mas percebendo que o homem era peão de verdade no saltar rápido para cima, o animal desistiu de corcovear. Sairam estropiados e lentos, mas vivos do braseiro, dispostos a se afastarem rapidamente.

Cavalgaram no escuro por um bom tempo, onde nem o céu avistavam. Matas e mais matas. Seguindo a picada, margeada por capororocas e cambarás e chão repleto de capim-de-bode. Somente isso percebiam na penumbra e cerração. Só aí o cavaleiro resolveu afrouxar o cabresto servindo de rédea, dando folga ao animal machucado que diminuiu um pouco o passo. O cavalo manquitola era quem orientava o cavaleiro. Uirá deixou o animal escolher o rumo, já que na escuridão quase nada via e para distinguir alguma coisa que não fosse verde escuro esfumaçado, só mesmo bem de perto....

Viajaram a noite inteira. Ao clarear e sessar a bruma que envolvia a mata como um manto gelado, foi que irá percebeu: erraram o caminho da volta! Não era aquela trilha — escolhida pelo animal ferido — que levaria para o acampamento onde se achava o grosso da tropa, de onde haviam saído para a fatídica expedição.

A mata parecia a mesma com pequena diferênça, continha mais guajuviras e alguns pinheiros esparsos. Um galho de espinho de arbusto mais próximo, rasgou a roupa de Uirá. Foi quando notou que apenas de bombacha e camisa havia enfrentado a friagem que a névoa trazia na mata, sem perceber pelo nervosismo.

Conformado o índio resmungou:

—Deus é pai! Se foi para o bem que o pobre animal mais perdido do que eu, escolheu este caminho, que assim seja...

Tocaria em frente, pela trilha que lhe reservaram. A seguir os caminhos do destino, os desígnios de Deus...

## O caminho

Estabeleceu-se o silêncio. As últimas vibrações das notas dos clarins "chimangos" comemorando a vitória perderam-se ao longe.

Não se ouvia senão o ruído dos dentes do pangaré manco que pastava. Em volta do fogo, Uirá sem ter com quem conversar, torrava espigas de milho que arranjou em pequena roça. Ao mesmo tempo esperava a abóbora jogada nas brasas, ficar assada, para servir de jantar para quem durante o dia e o anterior, nada teve para comer...

Dormiu com o cavalo amarrado no seu pulso, preso por cipó relativamente curto...

Na madrugada, cavaleiro e pangaré prosseguiram sem a menor noção de direção. Não sabendo se estavam seguindo para Santa Catarina, Paraná, ou no outro extremo, rumo ao Uruguai. A mata mudava para poucos sabugueiros e figueiras enquanto distanciavam cada vez mais do barulho que voltara, embora longe. Tiros de canhão e explosões, espaçadamente, mas felizmente muito distante do índio e seu manco companheiro de viagem.

Quando o barulho cessou de vez, e esperavam que nunca mais ouvissem os horríveis estampidos, deram com pequena tropa de animais tão perdidos quanto eles, contendo 16 cavalos arreados e burros de carga. Que nas disparadas e corcoveadas pela mesma trilha, alguma coisa mal acondicionada transportavam nos lombos feridos. Fugidos do sufoco dos bombardeios, os animais voltavam a se reunir em bando, junto de uma cacimba meio escondida entre guaxumas, onde bebiam água e descansavam.

No enxame de moscas em volta, zumbiam varejeiras em torno da carne viva de alguns animais feridos. Com jeito, Uirá foi reunindo a tropa que não refugava. Mansos, cansados, nenhum entre eles empinou, deu coices ou procurou fugir do estranho. O índio separou cavalos de montaria dos burros de carga e de todos foi retirando arreios e o que restava deles, jogando junto dos pés de cambui. Os bichos dóceis pareciam estar agradecidos por alguem ter aliviado seus lombos feridos, devido as correias frouxas por solavancos, já mal amarradas, rédeas soltas e cacos de arreios pendentes...

Animais aliviados dos cacarecos, entre zainos, tordilhos, rosilhos, em condições, para escolher, Uirá ficou apenas com o imponente e forte alasão, que reconheceu pertencer ao oficial-médico, major dr. Fritz. Com quem convivera nos últimos momentos de vida do inesquecível Benê Cambalhota. Cena que queria esquecer o mais rapidamente possível.

O animal escolhido estava inteiro. Tinindo. Enxuto dos cascos a cabeça bem desenhada — sem nenhum ferimento aparente. Escolheu também o que lhe pareceu ser o melhor burro. Forte, sem machucaduras. Em ótimas condições para transportar todo o material de viagem que pretendia reunir.

Com o restante da tropa aliviada, foi liberada em pelo para seguir seu rumo em total liberdade, com o manquitola por último. Dono do destino do índio. Ao não voltar para o acampamento, o animal parecia guiar o cavaleiro para longe da revolução. Uirá agradeceu ao pangaré com um gesto de adeus, que ao longe virou a cabeça para rever o índio pela última vez...

Ficou apenas com um remorço: não poder curar o cavalo do ferimento em uma das patas. E um desejo: pedia para que o animal cruzasse com o Esfigênio pelos caminhos da vida...

Em seguida, Uirá abaixou-se para fazer a triagem no que havia juntado, das cargas que sobraram nos sacos de couro nos lombos dos animais.

Além do cavalo e o burro, escolheu também o melhor arreio da tralha esparramada. Aquele que oferecia melhores condições para suportar longa viagem, que não sabiam onde e quando ia acabar. Em seguida separou uma chaleira reluzente e uma bomba de prata para o chimarrão. Um poncho quase novo, um chapéu, arrancando dele a fita que identificava ser "maragato" — soldado da revolução e um par de botinas amarelas com jeito de pouco uso.

Armas e munições sobraram poucas. O índio não se interessou muito. Lança e espada nem podia ver. Despresou bela carabina, porque chamaria muita atenção por onde passasse portando arma tão caprichada e vistosa.

Escolheu para sua segurança apenas um magnífico revólver belga, que parecia não falhar, pois continha no cabo várias marcas feitas a faca. Representando em cada corte as mortes que causara. Iria com isso correr o risco de passar por matador profissional, mas valia a pena. Um cinturão com balas e uma faca afiadíssima, acompanhariam. De alimentos: só uma manta de charque, um pouco de farinha e latas de linguiça e sardinha.

Remexeu novamente todas as bugigangas e tranqueiras espalhadas pelo gramado debaixo do pau da timbaúva. Tiradas das malas de garupa, do que restou das canastras, aproveitou um candieiro de querozene, maços de cigarros, caixas de mate. E foi acondicionando na sua mala de pano e nos sacos de couro, devidamente colocados nas costas do burro.

Pegou e largou o objeto. Guasca não necessitava, jogou fora. Cavalo de oficial não precisava de reio, não era cavalo de soldado para levar chicotada. Bem ensinado, o alasão conhecia as ordens pela voz do cavaleiro.

Uirá não tinha pressa em selecionar o que levar. Havia muita coisa para escolher, o restante deixaria abandonado para alguem tão precisado quanto ele. Rede era excencial. Roupas tinha em quantidade. Reservou duas mudas fora a que usava e algumas meias a mais. Além de bom cobertor da mais pura lã do Sul.

Por último acomodou uma navalha para fazer a barba, velas e fósforos, pedaços de pães sovados, duros, e até um frasco contendo perfume de alfazemas...

Tudo devidamente acondicionado em seu lugar, carga ajustada no lombo do burro, cavalo encilhado, estava na hora de partir novamente sem destino. Com o cavaleiro achando que quem não muda de caminho é trem. Sairam em marcha lenta, contando os passos dos animais raspando por entre touceiras de taquaras cortantes e moitas dos caraguatás que margeavam a trilha cheia de curvas...

# A liberdade

Depois de dias de difícil e solitária cavalgada na imensidão dos pampas, como boêmio errante das coxilhas, Uirá acabou entrando no Estado de Santa Catarina, em parte pouco explorada, Grande área de mata que começava a ser desbravada. Onde alguns fazendeiros pioneiros faziam experiências na criação de carneiros e já contavam para auxiliá-los com trabalhadores rurais gaúchos e outros vindo de fora do país.

Na maior parte constituida de imigrantes alemães, russos, poloneses e italianos. Que percorriam as imensas campinas nas lidas pastoris do dia-a-dia, quando Uirá chegou.

Os estrangeiros dividiam-se em pequenos grupos cercados de mulheres cantando e crianças brincando alegres. O primeiro convite ao forasteiro partiu de um simpático casal de imigrantes que preparava o ***kassler***, podendo ser frio ou cozido na cerveja. Invenção alemã ao defumar e colocar na salmoura pedaços de costeletas de porco.

Que tanto podia-se fazer, como na Alemanha, para ser servido frio, desossado, cortado em fatias e acompanhado por pepinos em conserva e pão preto. Ou também, salmourado, feito na grelha, servido acompanhado de chucrute, batatas cozidas ou salada.

A mulher alemã, sempre cantando canções da sua terra natal, adiantava o molho, fritando rapidamente na manteiga duas cebolas grandes picadas. Em seguida acrescentou seis tomates, sal e pimenta  do reino à gosto. Por último, colocou duas colheres de sopa de creme de leite fresco e uma colher de sopa contendo salsinha picada.

Enquanto o marido naquele dia havia optado pelo ***kassler*** assado, para ser servido com purê e croquetes de batata. Preparado no forno de lenha, acrescentando cerveja clara. Havia separado a carne do osso e juntou vários quilos. Colocou a carne toda em enormes assadeiras e levou ao fogo onde ficaria por horas. Durante esse tempo, o alemão ia regando com cerveja. O assado e ele próprio...

Uirá chegou exatamente na hora em que catarinas (barrigas-verdes) e gaúchos dançavam xotes e valseios, a polca e a chimarrita, nos terreiros da estância. E aprontavam as costelas de novilha, esperando as labaredas do fogo de cambui abaixar. Tudo devidamente regado com ***caña***, vinho de laranja e o bom tinto da casa.

Tratava-se do aniversário do estancieiro, com fartura de patês e bolinhos, além de doces espalhados: casadinhos e sequilhos, nas mesas enfeitadas, para começar. E a criançada correndo em volta.

O índio deu folga ao alasão e aliviou também a carga do burro. Em seguida entrou batendo as esporas chilenas.

—*Buenas*, tchê... — Mostrando ser um amazônico já perfeitamente familiarizado com o linguajar sulino.

Conversando com o capataz que juntava graveto aceso onde encostava o toco de cigarro, Uirá foi admitido no ato. Como peão e para executar qualquer serviço braçal no cotidiano da estância.

Sobre sua vida fez-se silêncio. Seu passado; de onde tinha vindo, se participara da revolução ou não (coisas do tipo: era legalista ou revolucionário? "Chimango" ou "maragato"?). Como nada lhe perguntaram, nada foi respondido...

Cercados de goiabeiras e pessegueiros em fileiras, afastados da fogueira onde a chaleira fervia para o mate correr solto, juntavam-se estancieiros da região, tropeiros, carreteiros, posteiros e andarengos. Não importando a categoria social pois era dia de festa.

—Te achega! As brasas de um galpão não tem dono, tchê! São também para os viajantes...

Gritou um gaúcho que tocava milonga no violão, apontando para o fogo. Uirá agradeceu e foi se aproximando da roda, em que alguns largavam o chimarrão com total liberdade para entrar com sede na ***caña***.

O índio mais a vontade, foi se chegando nos espetos de madeira verde contendo grandes pedaços de carne escolhida. O que contava mesmo era que no ar já tinha um delicioso cheiro de feijão com charque, costela gorda assando de vagar; lombo de porco, linguiça, arroz de carreteiro. Churrasco para ninguem botar defeito.

Era tudo o que Uirá queria no momento. Mas por quanto tempo? Para ele agora, a grama do vizinho era sempre mais verde...

## O pesadelo

O primeiro dia não contava porque tinha sido de festa. Muita conversa jogada fora, fartura de comida e bebida. Durante o corre-corre do segundo dia deu para cansar, e foi a noite quando o índio colocou a cabeça no travesseiro que a guerra civil veio à sua mente. Depois de dias sem lembrar dela.

—Nem sei porque penso na Revolução da Liberdade, se entrei nela feito leão e sai como cordeiro...

Não podia entretanto esquecer tão de repente, as batalhas, os amigos. Impossível sumir de vez, de uma hora para outra, tudo que era muito recente...

Uirá estava afastado mas o conflito entre irmãos prosseguia, afinal aqueles 50 mortos — obviamente incluiam também Uirá e os alemães que fugiram montados nos cavalos alegando que aquela guerra não era deles — não passavam de números, nas batalhas, nada mais. Um trabalho perfeito de mortandade da boca de fogo Krupp. Os oficiais consideravam as perdas, somente baixas, tanto de um lado como de outro...

A Revolução Federalista caminhava com Gumercindo Saraiva que defendia sua pátria e seu irmão Aparício — atacado por cólicas intestinais violentas — que embora nascido no Uruguai, estava disposto a morrer com os revoltosos do Brasil.

E Angelo Dourado afirmando sempre que se o governo ganhasse aquela guerra civil, alguns inimigos seriam considerados dígnos, heróis mesmo, sem nunca sentirem o cheiro da pólvora, ver de perto uma lança ou baioneta.

—Terão estátuas e amanhã estas homenagens não serão feitas do lodo que pisamos. Serão de bronze, com pedestal de mármore e o país todo pagará...

Por decisão do pangaré que havia errado o caminho de volta, Uirá não participaria mais da revolução libertadora. Viu no ato instintivo do animal, uma ação de Deus. Não mais ajudaria no combate aos homens de Floriano Peixoto, Júlio de Castilhos, Pinheiro Machado e outros. As tropas do governo que numa selvageria sem precedentes, degolavam inocentes e usavam dinamite para demolir casas com indefesos moradores dentro. Brutalidades nunca presenciadas em revolução nenhuma no país.

Uirá farto de lutas, não queria nem ouvir falar em republicanos, "chimangos", governistas, legalistas, castilhistas e florianistas. Ou outros nomes que davam aos inimigos.

O índio estava decidido. Não mais acompanharia os esforçados homens da Revolução da Liberdade, como os importantes companheiros de ideais, Isidoro Dias Lopes, Saldanha da Gama, Luiz Murat, Guimarães Passos, Augusto Amaral, Carlos Nogueira da Gama, Artur Maciel, Generoso

Marques, Torquato Severo, Timóteo Paim, Juca Anastácio, Prestes Guimarães, Felipe Portinho, João Gayer, Hilário Montiel, Dinarte Dorneles, Domingos Ribas, Tupi Portinho, Armando Sampaio Ribeiro, Juca Tigre, Vasco Martins, Ignácio Cortes, um dos mais valentes revolucionários rio-grandenses, Leovegildo de Melo, que desertara do 5° Regimento de Cavalaria das tropas do governo, para aderir aos revoltosos.

Militares, doutores, políticos; personalidades importantes que abraçaram com fervor as causas da Revolução Federalista. Faziam parte do esforço popular rio-grandense contra o poder esmagador que tentava afixiá-lo...

Uirá não queria mais saber também, dos termos que identificavam os lutadores como ele, os guerrilheiros contra o governo: federalistas, "maragatos", revolucionários, revoltosos...

Cansado o índio amazonense acabou pegando no sono. E mesmo dormindo não sossegava, a guerra fraticida parecia entranhada no seu espírito de guerreiro. Perseguia-o, agora em pesadelo. Cenas das batalhas voltavam com nitidez, onde os combates eram sempre rompendo as fileiras inimigas, para passar adiante na luta de lança ou baioneta, na espada ou no tiro. Mortes incêndios, estupros...

Arreiar cavalos, desarmar barracas, mantendo prontidão debaixo de chuva torrencial durante a noite. Uirá se via nas agruras dos acampamentos no meio da selva ao longo das picadas. Ora dormindo em giraus com medo de cobras, ora envolto em montes de palhas. Nas marchas penosas pelos serros íngremes, nas baixadas pantanosas, campos frios, matas úmidas e cerradas, onde muitas vezes a chuva caia lenta, constante e melancólica...

Quando não, Uirá — mártir voluntário —se punha a marchar sob o sol escaldante, ardentíssimo onde pouco a pouco porém, iam aparecendo pesadas nuvens que o ocultavam. E em pouco tempo, despencava chuva torrencial, verdadeiro desmoronar de núvens, turvando as águas dos rios, quase afogando o esforçado índio guerreiro...

O pesadelo parecia demorar eternidade. Prosseguia com Uirá coberto de andrajos, suando na estrada com ladeiras e atoleiros por toda parte, sem nada enxergar pela frente, sem ter ao menos relógio e nem canto de galo para indicar as horas da noite fria e negra como breu. Onde ele e sua tropa tinham de prosseguir como cegos, porque numa mensagem enviada pelo comandante Angelo Dourado, dava ordens de marchar aproveitando que o inimigo havia retrocedido.

Os oficiais apertando os soldados, se falhassem, o general tirava-lhes os galões. Perdendo a patente na frente dos companheiros de tropa, numa ação humilhante. Já não havia acontecido assim com Uirá?...

O índio não parava de se mexer na cama, agitado, parecendo ser vitimado por febre violenta. Terminando em seu pesadelo, por aparecer as últimas cenas em que foram atacados de surpresa, onde todo sacrifício, todo heroismo ficaram perdidos. As forças que levavam era poucas, porque haviam assegurado que o inimigo não tinha artilharia pesada por ali. Entretanto tal não aconteceu.

Custaram tanto para chegar na casa grande de madeira, enfrentando na jornada o silêncio profundo da selva sem ruido algum, a estrada que serpenteava acompanhando os declives, com muitos dos homens febris. Estradas tortuosas entrando na boca da mata fechada, até que chegaram as terríveis explosões das granadas e o sibilar constante das balas, como riscos de sangue no ar. Onde alguns homens cansados, deitaram seus corpos sem se alimentar e adormeceram eternamente...

O pesadelo parecia nunca ter fim, enquanto o índio suando se remexia todo no leito, parecendo querendo se desviar das balas. Tapava os ouvidos para não escutar os estampidos na casa de madeira da mata fria, com o sangue dos irmãos de armas, espalhado por toda parte. Sentia o cheiro nauseabundo do líquido rubro e pastoso, misturado com a terra. Uirá mantinha o terror estampado no rosto ao avistar cadáveres insepultos, nos confrontos, expostos às vistas dos demais companheiros.

Tão rápido que não tivera tempo de fazer simples padiolas de madeira e ramas para os feridos. No inferno da casa em chamas, por certo tinham morrido todos os soldados da Revolução Federalista, acuados como bichos...

Com a explosão máxima proveniente das mil bocas do monstro Krupp (que na verdade era uma só de poderoso canhão), Uirá acordou gritando. Suando às bicas apanhou um copo com água e bebeu sem tirar da boca. Passou a mão na testa, acendeu o lampeão e olhou no espelho, feliz constatou que não havia morrido...

Abriu a janela e olhou a mata diferente daquela silenciosa do pesadelo, sem vida. Estava alegre e barulhenta, horizonte profundo, com a revoada dos paturis cantando. Mais além das jaboticabeiras carregadas de frutos e gabirobeiras, manchas brancas da carneirada misturando-se com o verde da imensidão de pastagens num infinito, até atingir o azul do céu.

# O asilo

Muito se falava de verdade a respeito da guerra civil e vários também eram os boatos. Mas de fato concreto um só: o governo havia cortado as tropas revolucionárias pelo meio, como a uma cobra de várias cabeças. O Exército agindo como um pente afiado atacou em várias frentes simultaneamente, bem no meio dos soldados da Revolução da Liberdade.

A cabeça comandada por Angelo Dourado, sem o apoio pedido — os 50 "maragatos" que transportavam considerável quantidade de armas e munições e que foram dizimados na casa grande, no meio da mata, sem poder recuar, à noite — se viu perdida e isolada, não achando outro jeito senão seguir em frente e pedir asilo no Uruguai, juntamente com seus oficiais.

Ficando o restante da tropa acéfala, sem um orientador máximo. Decepada como a um réptil, para trás, com o corpo totalmente desnorteado. Justamente a parte em que ficavam Gordolento e os anões. Sem rumo e sem um pulso firme, o batalhão acabou se desmanchando com o número crescente de deserções.

Outras cabeças da serpente revolucionária — em que agiam generais e oficiais graduados — sem o corpo da retaguarda, também acabaram se diluindo tendo seus comandantes pedido asilo na Argentina. Com a mesma intenção dos demais que se asilaram: prepararem-se para voltar a atacar...

## O andarengo

—Raio não bate em pau deitado!...

Gritou o índio pela manhã, parecendo estar farto da vida boa e mansa da estância. Muito fácil, regada a vinho e lombo de porco, cachaça com costela gorda...

Depois de algum tempo trabalhando junto dos estrangeiros em Santa Catarina, Uirá resolveu levantar acampamento em busca de aventuras, com gritos de viva a liberdade.

Iria se transformar em andarengo, num verdadeiro gaúcho que até ali só tinha sido teoricamente. Da vida miserável de índio, quando criança, e da dureza que era no circo pobre, passara para pior na revolução, com a discilina. Sempre estivera preso às recomendações e ordens dos outros. Fazendo tudo o que lhe mandavam fazer. De agora em diante pretendia cavalgar livremente, sem compromisso com nada nem com ninguem.

Como andarengo, acompanharia músicos e trovadores atrás de belas gaúchas, numa fogosa e rústica tropeada pelos pampas sulinos.

Empinou o cavalo, saiu chupando uma laranja temporã, com o animal pisando firme sobre caraguatás. E o cavaleiro disposto a acompanhar o viver dos verdadeiros peões.

Pretendia atravessar todo o Estado do Rio Grande do Sul, atingindo até a divisa do Uruguai. Nas cavalgadas livres precorrendo campos de grandes árvores carregadas de umbus maduros, ouvindo cantos dos vaqueiros e o aboiar chamando os animais retardatários, que respondiam ao longe com o mugir anunciador de que se aproximavam...

Ouviria o grito do quero-quero em liberdade no campo e o canto do bem-te-vi por cima do cinamomo ou do umbuzeiro...

Mas foi o canto nostálgico distante, do galo, talvez ciscando debaixo da pitangueira, que fez Uirá lembra-se dos amigos. E infelizmente do fantasma da revolução novamente. No cavalgar pelos pampas, pretendia passar longe dela, fugir das proximidades de estampidos como o diabo da cruz.

Sabendo que não seria tão fácil. Difícil era não participar e nem lembrar, porque respirava-se a guerra civil por roda a região. A revolução estava perdendo terreno, encontrava-se enfraquecida, mas ainda prosseguia lentamente. Com a debandada do lado "maragato" tão acentuada, que provocava desânimo nos poucos idealistas. E alcançado o ponto máximo, com deserções entre oficiais de altas patentes. Seria o prenúncio do desastre total?...

Uirá soubera, através da conversa entre estancieiros de Santa catarina, que alguns oficiais revolucionários estavam se igualando às tropas do governo, nas más ações. Haviam levado cavalos de raça de algumas coudelarias próximas das frentes de batalha. Animais que não serviriam para marchas, nem para combates. Constituindo-se portanto, num roubo.

Tais atitudes — que os oficiais revolucionários jamais permitiram — seriam sinais de desespero?

De pensar na revolução, não podia deixar tão fácil. Mas ainda bem que Uirá quase não tivera mais pesadelos a atormentá-lo. Não vinham sendo frequentes. Só de vez em quando sonhava a respeito. A última vez tinha sido na noite, quando antes de dormir havia ingerido em demasia, café com leite, pão de centeio, manteiga fresca, creme de leite e salame com três ou quatro ovos fritos. Sem esquecer que o copo usado, o grande, dos alemães beberem cerveja.

Aí não teve jeito. Durante o sono que começara agitado o maldito pesadelo chegou com força total. Tudo para desespero do índio, deixando atrás como sempre, o rastro da carnificina selvagem.

Sons de balas assobiando, lamentos e gritos de desespero misturando-se. Nas batalhas morria-se e matava-se e depois as coisas continuavam no mesmo lugar. Enquanto hospitais se enchiam de feridos e nos quintais corpos jaziam em sepulturas improvizadas, nas covas rasas com bichos esfomeados remexendo...

As fileiras das tropas rareavam-se a cada combate, mas as lacunas — de ambos os lados — eram logo preenchidas com idosos e jovens voluntários e idealistas. E assim novamente homens decididos marchavam até as trincheiras combatendo à sabre, enfrentando granadas, metralhadoras e até artilharia pesada. A boca da guerra entre irmãos era enorme e tragava todos eles.

Sonhando agitado com as batalhas o índio via companheiros que julgava mortos e outros em ação, que pensava haver abandonado a revolução. Onde o destaque, o máximo em matéria de terror, era o canhão Krupp, seu estrondo e poder mortífero. E Uirá sempre morria no fim de cada pesadelo, dai o fato de acordar suando e aos gritos...

## O fim

Estrelas no firmamento começaram a brilhar na escuridão da noite. Cessara a música sibilante da chuva, mas na cavalgada, Uirá ainda recebia de frente o granizo que o vento trazia como agulhas penetrantes. Os dedos pareciam congelados, sem poder segurar o fósforo em direção do cigarro, mas o que valia era a liberdade; não mais vivia tangido como parte de rebanho humano...

A maneira que Uirá foi se distanciando da revolução sulina, ela também por si ia se diluindo, com vários de seus lideres dos mais importantes pedindo asilo em paises limítrofes...

E com ela, acompanhava, se desmanchando pelas dobras do tempo, o apelo eloquente do início, de Angelo Dourado, distribuido através de prospectos e cartazes, cujo título era "As Armas":

"Erguei-vos irmãos! Enfim soou a hora da luta gloriosa. A pátria agonisante, implora que a libertemos. Ainda nos campos jazem insepultos os cadáveres de nossos irmãos. Eles pedem justiça e precisamos de leis que punam os criminosos!

Nosso lar está deserto; vamos irmãos, é preciso povoá-lo. As casas destruidas serão reedificadas. As saudades dos mortos serão amenizadas pela tranquilidade dos vivos!

Irmãos! Conquistemos para nossa pátria a honra que lhe roubaram. Não é só a nossa vida que está em perigo: é a vida de nossa família, é a vida de um povo inteiro. Se perdermos na luta, a pátria estará morta!

Velho despertai! O vosso túmulo não está longe. Dái o tempo que vos resta, pela liberdade de nossa pátria. O sangue que derramardes, dará a vossos cabelos brancos, uma auréola eterna!

Moços! Muito tendes a viver, mas a vida no cativeiro é a morte todos os dias; lutai pela vossa vida, lutando pela vossa liberdade!

Mães! Dizeis a vossos filhos, que se eles esquecem da pátria — vós não sereis respeitadas. Vossas filhas serão entregues aos bandidos em paga de serviços. Vossos esposos serão assassinados, pelas costas, sem crime algum. Vossos filhos serão mortos em vossos braços. Mães! Dizeis a vossos filhos que o moço que não luta pela pátria desonra-se para sempre.

Jovens e belas senhoras! Dizei a vossos escolhidos que quem não sabe lutar pela justiça, não sabe defender a família, e que vós só desposareis o homem dígno de vós!

Vamos irmãos, às armas! O campo da honra nos espera. Nossa pátria aniquilada, estende-nos os braços algemados.

Quebremos essas algemas, com o nosso sangue, com a nossa vida!

Irmãos, à vitória ou à morte"...

Finalmente chegara o ano de 1895. A revolução entre "chimangos" e "maragatos" que durara de 1893 até aquele ano, de transitórios sucessos, havia fracassado. Terminara de vez a luta entre irmãos. Com a pacificação proposta pelo governo de Prudente de Moraes...

O dia despertou cheio de alegria. O lavrador, o tropeiro, o carreteiro, voltaram em harmonia para trabalharem no campo, ao invés de lutar. Todos juntos numa conversa amigável, num estímulo para o progresso. Com eles, voltaram os sons da paz: o barulho dos arados enferrujados arrastando-se nas terras, o mugir do gado, o canto das aves que haviam abandonado a região, e até o falatório agitado das crianças nas brincadeiras. Meninos e meninas alegres, não mais assustados pela guerra...

## O reencontro

Uirá que havia almoçado bem bacalhau com palmito, não demorou para estar mascando um naco de queijo da melhor qualidade, durante a cavalgada.

Fome não passaria mais. Carne de caça era rara pois os bichos viviam arredios. Com o barulho da revolução sumiram. Mas também nunca mais apelaria, como já tinha feito por inúmeras vezes. Durante as batalhas, em que comeu carne, porém não gorda de animal saudável, que se abate, mas carne de burro. Do bicho que morria de cansaço. Cada homem tirava um pedaço e levava ao fogo...

Sede também não passaria em liberdade, o homem que agora tomava banho em cachoeira e usava bombacha de casemira. Chega de andar quase descalço, roupas rasgadas a acompanhar tropa de famintos e estropiados. Verdadeiros farrapos humanos...

Queria mais era partir em busca do tempo perdido. Dormir em cama de pelego junto ao tronco do jacarandá, nas noites calmas e enluaradas dos pampas. E quando nas casas, em companhia de bela morena caprichosa nos carinhos.

Quase tudo para o índio era novidade, desde que resolveu partir só com seu cavalo bom marchador e o burro de carga. Como tocar a roda para ralar mandioca afim de fazer beiju, observar como tropeiros faziam seus remédios caseiros usando ervas secas. Atravessar um sítio em que via pela primeira vez como caboclos fabricavam aguardente de cana. A bebida tão adorada, pelo amigo Cambalhota. A engenhoca ficava cercada de suinos e aves domésticas como patos, perus, galinhas. Com a mulher do caboclo a praguejar com os bichos que sujavam tudo ao redor. Local de imensos canaviais e ervais.

Ali também havia uma pequena indústria de erva mate, a tão procurada de todos para o chimarrão de jovens e velhos gaúchos, de mulheres e crianças. Observava o movimento de gente que ia e vinha com fardos enormes de galhos secos da árvore. Na maioria bugres que mal falavam o português.

No pátio, uma montanha de galhos contendo folhas, quase alcançava o pinheiro de tão alta. E índias que faziam o trançado de cascas de taquara e de junco para o transporte.

Eram as mulheres que mais força faziam. Tudo conduziam na cabeça Por maior que fosse o peso, amarravam o objeto com cordas, penduravam na cabeça e recebiam o peso sobre o lombo. Um pouco curvadas para diante marchando com rapidez. Enquanto crianças caçavam rolinhas e periquitos, nas armadilhas e todo tipo de animais pequenos, para garantir o almoço.

Adultos quando não estavam no serviço de preparar a erva para o chimarrão, distraiam-se pescando. Nunca os homens brigavam entre si e nenhuma mãe batia numa criança. Gente que para completar a felicidade bastava uns dez dedos de fumo em corda...

Os nativos, pobres selvagens mansos, com suas simplicidades e suas leis primitivas, eram muito mais calmos e compreensíveis do que os civilizados que o rodeavam. Que por sua vez viviam a se matar uns aos outros. Considerados bandidos quando fugiam para não morrer, ou quando não se deixavam morrer como cordeiros...

Tudo o que Uirá via era muito bonito, mas não o que ele queria. Não pretendia ficar na indústria de aguardente, nem naquela dos bugres a preparar a erva mate. O índio amazônico queria cavalgar em liberdade. Conhecer tudo o que não vira nos últimos tempos...

Alguns quilômetros percorridos e deu com uma mulher maltrapilha na estrada. Suja, trapenta, louca a cantar e gargalhar sem motivo. Infeliz, que talvez perdera entes queridos e passara a levar vida errante. Uma andarenga sem rumo e sem idéias. Só parou de cantar quando se aproxinou de Uirá:

—Quando vejo um cavalo, um cavaleiro, vejo lança e espada. Sangue e morte...

Logo atrás vinha um monge barbudo e seu cortejo. Uirá já tinha ouvido falar muito na estranha figura. O índio entrava no território sagrado, nos domínios do célebre profeta, que percorria a região plantando cruzes em frente das moradias e designando árvores, que afirmava serem sagradas. os crentes que vinham de longe os seguiam rezando acompanhados de velas.

Quem não conhecia as tradições do monge assustava-se. Vendo-o altas horas da noite, no meio da mata e uma porção de luzes em redor de uma árvore, cercada de vultos mantendo a cabeça coberta e silenciosos...

O monge iniciara caminhando a pé e só, pelos sertões, sem nada conduzir nem pedir. Ao chegar numa casa só aceitava o mais simples alimento e em pequena quantidade. Não dormia dentro das casas, a não ser nas noites de chuvas torrenciais.

Conversava com os moradores sem ostentação, sem impostura. Sua conversa era calma como se falasse só para si. Porém todos o ouviam e lhe dedicavam total obediência.

O profeta nunca dizia para onde se dirigia e raramente passava por um lugar mais de uma vez, por isso a alegria de Uirá ao vê-lo de perto. Talvez nunca mais o visse...

O índio permanecia imóvel por ver passar aquele santo homem das campinas, milagreiro dos pampas, respeitado por todos. Tanto de um lado como de outro da revolução. A sua passagem silenciava qualquer combate, de lança, facão, como de metralhadora e granada.

Um santo que não parava nunca de andar. Com sol, frio e chuva. Mesmo que os rios estivessem transbordando ia em frente. Se não havia canoa ele passava e a ninguem dizia como passara. Alguns mais fanáticos garantiam até que o monge andava por cima das águas dos rios. E não se molhava enquanto atravessava, nem as pontas dos pés...

O profeta passou sem olhar para o rosto do índio, tão perto que quase encostaram a roupa. E o cheiro do caminhante não era de suor e pó. Sua pele exalava um perfume leve de flores.

Para olhá-lo por trás custou a Uirá. O profeta dos pampas levava uma bandeira branca com a figura de uma pomba vermelha no centro. Quando desapareceu na massa humana, o índio acabou sendo empurrado pela multidão de fiéis. Agora, por onde passava o outrora homem solitário de longas barbas brancas, centenas de pessoas o seguiam rezando e cantando...

Passada a agitação dos crentes, mais um pouco de cavalgada e nova aglomeração. Uirá foi obrigado a prestar atenção, pois estava entrando numa cidade de considerável movimento. A avenida larga demonstrava isso, onde várias pessoas se juntavam de um lado e de outro como aguardando algum desfile.

Que não demorou a chegar, tendo na frente uma enorme carreta que quase interrompia o transito. Puxada por quatro bois, levava carga estranha, numa miscelânea indú-árabe-gaúcha.

Uirá sem sair do cavalo, apenas ajeitou o burro que levava a tralha de viagem, para melhor observar do que se tratava. A sua volta muitas pessoas foram também se acomodando, curiosas para assistir o que vinha.

Um novo profeta, a anunciar outra guerra entre irmãos, ou o fim do mundo?...

Nada disso. Na frente da carreta, caminhava uma odalisca ruim de molejo, rebolando os quadris gordos, freneticamente. Andando e contorcendo o ventre ao mesmo tempo, com dificuldade para chamar atenção. Cercada por anões, uns quatro ou cinco de barbas longas e postiças. Os dois mais lentos, velhinhos de barbas brancas naturais. Que Uirá apesar de estar longe, reconheceu no meio da multidão que se acumulava em volta: Ascêncio e Tibúrcio — "escadas" do palhaço Cambalhota, no Gran Circo Aprigio e heróis da revolução — embora somente batalhando com panelas e caldeirões...

A maior surpresa do ***show*** de rua ainda estaria por vir. Via-se estirado na carreta, uma massa disforme de carne tendo no centro uma pequena cabeça. Parecia enorme pudim branco e mole esparramado, alcançando quase todo o tablado da carreta. O imenso corpo devia pesar mais de 400 quilos...

Olhando bem naqueles olhos empapuçados, quase cobertos pela gordura acumulada no rosto, Uirá quase caiu do cavalo devido ao espanto. Ia ali na sua frente, em carne e osso, evidentemente muito mais carne e banha, estirado com a respiração ofegante, nada mais nada menos do que o Gordolento! Dos bons e maus momentos...

Uirá preso no meio da multidão, sem ter onde e como deixar os animais com medo que os roubassem, viu também passar a oportunidade de conversar com os ex-"maragatos". Companheiros tão estimados.

O toque festivo dos sinos chamando os fiéis à igreja, parecia comemorar a ironia do destino. O bilheteiro que, nunca conseguira ser astro do Gran Circo Aprigio, por falta de talento para qualquer das artes circenses, agora, depois de velho, realizava-se na rua. Chamava a atenção de todos, e era o astro, anunciado como o homem mais gordo do universo...

# A serpente

O boteco da beira da estrada era no mínimo estranho. Tinha dentro um altar e um nicho na parede onde ficava uma santa. Quem veio atender na porta, largou a canjica que socava num pilão arrumando antes os grãos de milho nas palhas verdes. Perto do balcão mal podia se mexer no meio da tranqueira acumulada. Junto de trancas das portas e janelas, varas de pesca, cangas e canzis do carro de boi, lampeão, latas de querozene e um rolo de fumo em corda em razoável tamanho.

Até chegar ao balcão para dar boa tarde, o caixeiro ainda tropeçou por entre abóboras, melancias e estoque de feijão em rama, atulhados em espaço relativamente pequeno, numa desordem total.

Para que o forasteiro conseguisse as informações necessárias, ao menos a fim de saber onde estava, foi outro tanto de tempo longo que levou o informante para fornecer. E o andarengo chegara sem pressa, com sede e vontade de conversar...

Duas horas depois — estômago forrado — Uirá saiu com a informação de que próximo dali havia uma "casa alegre", cuja dona era conhecida na região por Cati. E entre conversar com homem, e na companhia feminina, o índio optou por procurar sem demora o prostíbulo.

Indicada a direção não muito longe, bastou alguns quilômetros para Uirá chegar na casa modesta que ficava na entrada de um sítio, no meio de velho laranjal. E de lampeão vermelho exposto, por sobre o canteiro de manjericão ao lado do velho arado abandonado, tanto quanto a lavoura que o cercava. Com exceção de pequena roça de milho e algumas árvores frutíferas recentemente plantadas.

O animal de montaria refugou, quando o vulto da mulher surgiu na porta do lupanar, trazendo lágrimas nos olhos. Características que Uirá logo identificou: Anacatarina!...

—Que lágrimas seriam desta vez, da ex-"Dama da Colina"? —Perguntou o índio para si.— De saudade, alegria ou tristeza por ver novamente o conhecido? Somente ela poderia explicar.

Ao avistar de certa distância o cavaleiro chegar com malas e canastras, a mulher o reconheceu de pronto e tinha se apressado em recebê-lo. Observara através da cortina semi-aberta, perguntando também para si, o que faria o índio amazônico por aquelas paragens?...

Os animais mal ficaram livres da carga e alguem obedecendo leve sinal já partia para fornecer água e milho. Um rapaz franzino, excessivamente pálido, de fala castelhana, que largou a cuia do mate, rápido, para cumprimentar e servir.

Enquanto Uirá apressava-se em raspar as botas sujas de barro, para não enlamear o assoalho encerado.

A anfitriã mantinha ainda seus dotes de beleza. Havia engordado ligeiramente. Talvez estivesse um pouco inchada pelo excesso de bebidas e exibia no rosto marcas de olheiras, provenientes da vida irregular e noites mal dormidas.

Anacatarina, como sempre envolta em roupas vistosas e caras, de seda, sua preferência. Apressou-se em apresentar sua equipe iniciando por San. O jovem que prontificou-se a cuidar dos animais. Enquanto ele trazia taças de cristal e uma garrafa de vinho branco, a cafetina passou a falar do rapaz. Tanto e tão depressa que parecia uma gralha velha enaltecendo as qualidades, de onde ele tinha vindo, como o encontrara etc. Em suma, San era Sanrosset. Um homossexual uruguaio que a acompanhava por onde Cati fosse, tal qual um fiel lulu de madame.

O som da guarânia cessou assim como a bonita voz quente e doce. Em seguida surgiram as estrelas da casa. Cuja entrada majestosa na sala principal impressiou muito a Uirá. Duas índias guaranis, irmãs gêmeas paraguaias, lindíssimas. Uma delas ainda trazia a viola que acompanhava a dolente canção romântica: Lupercínia, a Lupe e Andaray, a Andy...

Perfumadas e bem vestidas, com roupas leves e sensuais.

Cati, a Anacatarina para Uirá, estava já meio embriagada falando pelos cotovelos, enquanto o índio fingia prestar atenção mas na verdade seus olhos estavam nas paraguaias. Perfeitas dos pés ( mimosos e pequenos) a cabeça. Morenas jambo, cabelos longos escuros e sedosos. Cintura fina e quadris bem proporcionados. Seios (parte descobertos pelo decote) volumosos, pernas bem torneadas, rosto de linhas harmoniosas, pele lisa de bebê e dentes perfeitos, maravilhosos. Essas coisas divinas de tontear qualquer cristão normal.

As paraguaias ao avistarem Uirá abriram belo sorriso e o cumprimentaram cordial, em guarani. Uma delas, tão junto de seu corpo que dava para o índio sentir o calor, e no mesmo instante a mão de Uirá ficou impregnada com perfume de jasmim. Nesse ínterim, a dona do bordel entusiasmada ficava mais alcoolizada, bebendo e falando sem parar. Elogiou muito Uirá para as moças contando a vida dos dois na revolução, até que tocou num assunto que interessou a Uirá. Foi quando citou a morte de Satan...

—Mas como, Satan faleceu? Como você sabe disso? Ele estava apenas desaparecido...

—É. — Falou gaguejando e meio arrepedida de ter tocado no assunto. — Mas morreu também a minha filha Mayã, não é? Muito mais doloroso para mim...

—A Mayã, também?— Mostrou-se surpreso e curioso ao mesmo tempo o índio Uirá. — Conta, conta. Agora quero saber tudo direitinho...

—A minha filha gostava muito de você, sabia? Pobrezinha acabou assassinada pelo major Cirineu...

—Quem? —Perguntou Uirá não lembrando do nome, na revolução.

—Ah, você não conheceu o pulha. Aquele crápula "chimango"... Alias você não sabe nada, não é? Nem mesmo o que fazia o desgraçado. Porque em parte eu fui a culpada, escondia. Mas agora que não existe mais nada que me interesse na vida, posso até contar tudo...

Nova garrafa de vinho branco foi colocada na mesa, após sinal de Cati. Bastou a marafona estalar os dedos para o luluzinho de duas pernas providenciar.

—Eu conto tudo, direitinho, mas com uma condição. De você ficar comigo, como gerente desta casa, me servindo de companhia, certo? Preciso de um homem do seu tipo, ao meu lado. Com o seu temperamento, macho e decidido. Impõe respeito neste ramo...

Uirá não esperou a mulher completar:

—Para ser seu gigolô. Ou se preferir, seu cafetão, não é?

—Mais ou menos... Meu sócio, digamos assim, se ser gerente não basta. Se você fizer muita questão, nem precisamos dormir juntos... — E emendou. — Você quer saber de toda a verdade que não conhece, do outro lado imundo da revolução, não quer? Então, esse é o preço...

Novo gole de vinho branco e a mulher estava ansiosa para completar o raciocínio. As idéias pareciam fugir com os vapores alcoólicos:

—Enfim, para encurtar o assunto, você é a pessoa ideal para garantir o meu projeto. Algo que venho estudando há tempo. É pegar ou largar...

—E qual é esse projeto?

—Iremos todos desta casa para o Uruguai. Montei um esquema, eu San e as meninas paraguaias, que não tem por onde falhar. E estamos quase na divisa. No estrangeiro está correndo muito dinheiro em mãos dos estancieiros. Não é essa miséria que nos rodeia. Olha um exemplo aqui dentro. Belas moças a disposição e onde estão os homens do dinheiro? — Novo gole de vinho, para completar.— E para concretizar meu plano, é que precisaria de um homem como você, conhecido, de confiança...

De princípio, Uirá deu a entender que aceitaria. Só assim, pelo menos, ficaria a par de tudo que acontecera de verdade e que ele desconhecia. Em especial, com relação a Mayã e ao amigo Satan. Teria de aproveitar o momento que a mulher estava de boca mole, prometendo porre violento e principalmente, ficar com a língua mais solta ainda...

Sinal aberto, Cati pôs-se a desembuchar feito matraca, como de costume.

—Vou contar tudo, sem esconder coisa alguma, afinal não lhe prejudiquei em nada. Só menti naquela ocasião, querido, porque não havia outro jeito. Você há de compreender a situação difícil em que me encontrava, com duas filhas para sustentar, e uma guerra miserável pela frente. Bem ou mal, precisávamos viver e durante as batalhas da vida, vale tudo, meu caro, tudo...

Tentava justificar-se a mulher, cada vez mais embriagada, contendo-se para articular com calma as palavras que estavam ficando difíceis de ser pronunciadas. E pior ainda, entendidas.

Iniciou pela morte dos dois homens na sua casa. Anacatarina era amigada com um oficial, casado, das tropas do governo. De nome Cirineu e patente de major — que na verdade vivia maritalmente também com as duas filhas de Anacatarina, Mayã e a menor Nadine. Dormindo todos na mesma cama grande de casal, a única da casa...

Com a tomada do lugarejo pelas tropas revolucionárias, o oficial do governo passou a visitar as mulheres esporadicamente e muito às escondidas. Geralmente na calada da noite, sempre acompanhado de dois ajudantes-de-ordens, na verdade guarda-costas.

Na noite em que o pessoal do circo chegou na casa de Anacatarina, o "chimango" major Cirineu estava lá e quase foi apanhado de surpresa. Teve tempo apenas de esconder-se no forro da casa. Ali junto ao telhado ouvia o que se passava sem poder interferir, por ter ficado subitamente em situação de desvantagem. A patrulha revolucionária chegara de sopetão e além do que, continha mais gente.

Seus dois capangas, porém, não tiveram a mesma sorte. Apanhados de surpresa e bêbados como estavam, não escaparam. Foram eliminados a bala, pela pontaria certeira do índio Uirá...

Quanto ao episódio que envolvia Satan, Cati contou que realmente no dia seguinte ao encontro dos dois na cama, ele esteve em sua casa. Pretendia morar com Anacatarina. Foi então lhe feita uma proposta — sob a orientação do major Cirineu, que tinha a certeza de que o "maragato" voltaria — só se ele virasse espião do governo, junto às tropas revolucionárias. Satan cheio de brios, recusou-se a participar de tal patifaria. Alegando que jamais trairia seus amigos e a causa da revolução libertadora.

O federalista foi então assassinado pelos republicanos do major Cirineu, e seu corpo arremessado nas águas do rio...

Vinho branco não faltava para a cafetina destravar a língua. Atendendo ao interrogatório velado de Uirá, Cati contava toda a verdade já que não tinha mais porque esconder. E não cansava de repetir: além do que, necessitava da cooperação do índio para concretisar seu sonho. Projeto bem traçado, plano de viagem ao estrangeiro onde montaria casa de prostituição de luxo. Para tal, material já tinha em mãos, as belas jovens paraguaias e um ajudante fidelíssimo e constante. Só faltava um comandante de pulso forte para tomar as rédeas do empreedimento.

A cafetina quase cochilava, mas o relatório não terminara. Nele surgiu em seguida a fuga da menina Nadine com o negro Esfigênio, o bruxo-revolucionário, que desmontara sua mãe. Nunca mais os dois amantes foram encontrados. Misteriosamente, simplesmente sumiram do mapa do rio Grande do Sul. Por mais que Anacatarina os procurassem pela vinhança...

E finalmente, a morte de Mayã. Parte mais dolorosa e difícil de Cati contar. A filha tinha sido assassinada pelo major Cirineu durante uma discussão entre os dois. Numa cena de ciúme quando a jovem confessou que queria mudar de vida. Mayã apaixonara-se por Uirá no primeiro encontro que tiveram e pretendia esperá-lo até que a revolução terminasse.

Seu mal foi ter sido honesta e confessado seus sentimentos e desejos ao truculento major. Cirineu já tinha recebido ordens superiores para ser destacado em outra frente de combate, distante, e pretendia levar Mayã com ele. Assim sendo, não se conformou com a idéia da jovem e viu frustrados seus planos.

Apesar de amante de mãe e filhas, dedicava paixão doentia por Mayã. Não contendo o desespero e a dor da separação, matou-a...

Todas as pragas e maledicências da língua ferina de Anacatarina, todos os xingamentos que conhecia, não foram suficientes para evitar que o major Cirineu seguisse acompanhando sua tropa, para local ignorado.

Sua transferência rápida impediu também, que a promessa de morte à facão feita por Anacatarina, se concretisasse. Escaparam da modalidade o major e o bruxo...

—Outras coisas de menor importância, que teriam deixado você intrigado na ocasião, posso esclarecer, agora. A reforma na minha casa, obviamente foi feita com o dinheiro do major Cirineu. Que trouxe também seu pessoal disfarçado de trabalhadores braçais, fazendo tanto a reforma na casa, incluindo pintura, como a jardinagem, refazendo plantações de roseiras. Os móveis de estilo substituidos, foram roubados de residências chiques. O mesmo acontecendo com as jóias e os perfumes estrangeiros finos. As boas bebidas. A prataria e os cristais, saqueados das estâncias ricas. Mas de que adiantou tudo aquilo? Se perdi o maior tesouro que eram as minhas filhas?...

Os goles de vinho se sucediam, enquanto a mulher prosseguia com seus desabafo:

—Havia um código proposto pelo major Cirineu. Você nunca reparou como o gramofone tocava alto? Então, pelo tipo de música, a gente se comunicava de longe, se tinha "maragato", por perto. Outra coisa que você talvez nem se recorde, também pudera, estava tão bêbado, mais do que eu agora...Na noite em que fui no galinheiro buscar os frangos gordos para a galinhada, encontrei-me com o major, no fundo do quintal. Foram, ele e sua ralezada, a corja de "Chimangos" que o acompanhava, os autores do roubo de seus cavalos com arreios e tudo mais. Enquanto vocês dormiam a sono solto. O major Cirineu e seus homens, só não acabaram com sua tropa dormindo na minha casa, para não me comprometer. Preocuparam-se apenas em levar os cavalos para igualar o roubo anterior...

Cati secou a garrafa, mas ainda teve forças para desabafar no porre homérico:

—Aquele maldito major, foi o amor da minha vida e a minha ruína! Minha perdição! Desgraçadamente, por ele perdi tudo, até a vergonha...

Assim chegou ao fim o resumo da história contada pela cafetina, quando chamou pelo San para trazer nova garrafa de vinho branco. A mulher quase babando, faltava pouco para dormir. Ajudada pelo fiel escudeiro Sanrosset sempre atento, foi transportada para a grande cama de casal. A depravada ainda teve tempo para murmurar em direção de Uirá:

—Se você e as meninass paraguaias quiserem dormir aqui, junto de mim, não façam cerimônia. Sempre estive acostumada a dormir em quatro...

Foi sua última lembrança do tempo em comum com Mayã, Nadine e o major Cirineu. Em seguida Cati adormeceu com o copo na mão. Praticamente desmaiou pela quantidade de álcool ingerida, sendo de imediato coberta até o pescoço pelo prestativo San...

Caia chuva lenta e fria com intermitência. Mas ao longe já se ouvia o rugir do trovão anunciando maior quantidade de água. Andy preparava o chimarrão para três, enquanto a irmã Lupe oferecia ao índio, charutos caseiros.

***—Cigarrilos de hoja...***

Tendo nas mãos folhas de fumo e sem cerimônia preparava o charuto levantando a saia, fazendo da bonita coxa roliça e morena, a táboa onde o enrolava.

Ao certificar-se de que a cafetina Cati realmente pegara no sono profundo, Uirá virou-se para as beldades paraguaias, altas, cabelos negros e olhos provocantes:

—Tem gente agindo como cachorro de açougue: não rói o osso e não deixa ninguem roer!...

Lupercínia comentou algo com a irmã Andaray, em guarani, que o índio amazônico por ser de origem tupi, não entendeu.

# A viagem

O pequeno jardim de flores comuns, quase selvagens, da entrada da casa, estava revirado e pisado, indicando que várias pessoas sapatearam muito por ali num entra e sai.

Cati acordou azeda as três horas da tarde. Com a mão trêmula derrubou a bomba de prata do chimarrão por sobre o lavatório de ferro. O corpo todo arrepiado, como se tivesse passado a noite a lutar contra geadas e minuanos.

Notívaga, estava trocando o dia pela noite. A ressaca proveniente do vinho branco em excesso veio de forma violenta, sendo sem delongas atendido pelo "mordomo" San.

Que entre suco de laranja, queijos e torradas contou as novidades.

—***El hombre se fue***...— Pronunciou baixo o passivo bibelô de ***rendez-vous***.

—O que? Desembucha logo em português...

Sanrosset confirmou em espanhol mesmo, deixando a mulher mais apreensiva.

—O que? Quem? Como? — Insistiu Cati estonteada de sono, não atinando.

—***Se fue*** tu Uirá, como por encanto. ***El hombre*** caiu fora de ***tu*** planos. E levou ***tambien las muchachas*** da casa...

Foi no portunhol, que a mulher se deu conta. Para ela, uma tragédia. Mais uma na sua vida. Encostando na mobília de vime, o copo de suco de laranja que não tomara dois dedos, Cati voltou a pedir vinho branco. E pela primeira vez Sanrosset desobedecia.

***—El vino blanco, no. Ahora, la verdad...***

San, mais desmunhecado do que nunca, adorava uma fofoca envolvendo as gêmeas paraguaias de quem não gostava e prometia esticar o assunto. Foi desfolhando a margarida entrecortando frases com uis e ais. Contou que haviam saido cedo, Uirá, Andy e Lupe, levando todas as roupas das jovens e alguns pertences particulares delas. Com a intenção de seguirem rumo ao Uruguai. Pelo que havia notado na conversa...

A primeira reação da mulher sem escrúpulos, avarenta e sovina, foi passar a pedra de afiar no facão que ficava ao lado da cama. Pensando em rápida vingança, no seu estilo e que nunca concretizava. Como abelha venenosa tentando murchar a flor mais bela com seu contato. Sua cabeça trabalhava a mil por hora, enquanto falava baixo:

—Miseráveis! Traidores! ... Índio maldito, "maragato" bandido, além de roubar meus planos levou junto minhas meninas. Minhas minas de ouro! Vamos atrás deles, San! —

Desesperou-se a mulher esquecendo-se que a ganância é madrasta de si mesma.

Cati tentou levantar-se, a cabeça quase estourou. Veio a tontura e ela mais do que depressa foi apoiada por Sanrosset. Fez cara de ódio. Chorou e nem assim as lágrimas da serpente de seda eram legítimas.

—***Tiene*** que esperar algunas horas mas, senhora.— Prosseguiu San no seu habitual português-espanhol. — ***No hai condiciones de caminar***...

Quando Cati estivesse em condições de tentar encontrar os fujões, perderia seu tempo. Jamais os acharia. O índio esperto mudara o jogo. Deu entender a Sanrosset que iriam ao Uruguai, quando na verdade, mudariam o rumo completamente. Partiriam para onde a cafetina jamais imaginaria..

Vendidos cavalo, burro de carga e tralhas de viagem e com mais o dinheiro acumulado durante o tempo que ficara trabalhando na estância de carneiros, em Santa Catarina, Uirá apurou o suficiente para uma longa viagem de vapor. Do Rio Grande do Sul à sua querida Amazônia, que não via há muito tempo!

Na maior região florestal e fluvial do planeta, é que ninguem os acharia!...

Sem antes fazer um comentário, como de praxe:

—Ah, dona Cati, sua bruaca velha, catráia e marafona! Enquanto a senhora planta o milho eu já entrego a polenta, e frita!...

Rumando ao porto — enquanto Cati e seu acompanhante San todo agitado como uma rolinha no asfalto quente, dirigiam-se ao caminho oposto — Uirá adquiriu as passagens e embarcou abraçado com as duas gêmeas, as graças: Andaray e Lupercínia.

Ainda olharam com desdém para o cais que fervia, mostrando centenas de passageiros atravessando com malas e pacotes no meio do borborinho. Verdadeiro formigueiro humano com vendedores de bilhetes de loteria, moças vendendo cigarros, velhas oferecendo flores, pregando elas mesmas os ramalhetes. Gente e mais gente entrando e saindo ligeiros de lojas e cafés...

O corpo de Uirá estava pedindo sol, muito calor, há bastante tempo. O índio precisava sair do chuvisco contínuo, do frio persistente produzido pelo vento sulino minuano. Contra isso tudo, só mesmo o sol da Amazônia...

Mataria saudade de sua terra e ali sim, juntamente com Andy e Lupe, ficariam ricos. Pois em Belém do Pará e Manaus surgira um surto de riquesas sem igual, com toneladas de borracha extraidas das selvas amazônicas, que estavam tornando milionárias centenas de famílias.

Os fazendeiros donos das terras, erguiam mansões luxuosas, esbanjavam dinheiro a toa, verdadeiras fortunas. Mandàvam filhos viverem na Europa com mesadas fantásticas. Alguns exêntricos que jogavam dinheiro para cima, enviavam as roupas, como ternos de linho branco irlandês e camisas de seda importadas, para ser lavadas e passadas na França...

Manaus e Belém do Pará se embelezavam com construções caríssimas e tão luxuosamente esdrúxulas, que eram cercadas de palmeiras indaiás; enfeitadas por plumas de ubás e a beleza das floridas mongubeiras, mescladas com mármores vindos da...Itália. Nos salões luxuosos, a moda era a mesma de Paris...

Época de grandes requintes para gente bárbara e endinheirada. Onde Uirá, Andy e Lupe por certo iriam se dar muito bem.

Ali peões milionários bebiam vinhos das melhores safras da Europa, água mineral importada e se davam ao luxo de acender charutos com nota de libra esterlina...

Série "Séculos de História"

# Ira Santa

## *Das sagas de dinastias, ao fim do delírio.*

*O bando de cangaceiros comandado pelo capitão Noah, é estória. Saiu da cabeça criativa do autor do livro, portanto nunca existiu. Porém, o ambiente onde se passa a novela, os fatos e episódios mostrados com relação ao beato Antônio Conselheiro, baseados em documentos, são da mais pura História. Viva e presente.*

*O trabalho literário sobre tema interessante, que apresentamos; bem elaborado, exigiu demorada pesquisa. Além de exibir toda a exuberância das sagas de dinastias nordestinas entrelaçadas por violência e poder, prova através de texto enxuto e preciso, a tese, de que na região, no século passado, a população sertaneja realmente só tinha duas opções para escapar do desespero: o cangaço ou o misticismo religioso.*

*Formando bando de cangaceiros, a trilhar veredas de xique-xiques e mandacarus, como o de Noah, podiam superar a miséria através da violência. Recorrendo ao misticismo, como o do rei-do sertão, dando ouvidos e se deixando levar por aliciadores da seita, os nordestinos combatiam a indigência concentrando-se em aspectos espirituais...*

*E as vezes aparecia alguém, capaz de conseguir unir a fé profunda dos místicos com a bravura militar dos cangaceiros. O caso do profeta, não gostando da República e prometendo aos fanáticos que o acompanhavam, uma vida nova e justa.*

*O mais notável dos líderes sertanejos, Antônio Vicente Mendes Maciel — o Conselheiro ( místico da caatinga, tão poderoso, que sua urina era guardada para ser usada como remédio), incansável peregrino, que pregando aos menos favorecidos economicamente, dava-lhes consolo ao prometer — baseado na leitura da Bíblia — um mundo melhor.*

*Para reforçar, o delegado-do-céu mandava ainda, que seus seguidores mulambentos e enfraquecidos, físico mentalmente, queimassem os editais de cobrança de impostos do satanás (governo) e insistindo na necessidade dos sertanejos desempregados, possuirem seus pedaços de terra...*

*Dai a necessidade de intervenção do Exército, diante do caos que os adeptos da seita, estavam criando no Nordeste.*

*Vinte são os cangaceiros que resolvem acompanhar o pastor-maior, na empreitada do arraial de Canudos e pelos sertões áridos da Bahia, afim de quando preciso fosse, também, um deles substituir o mestre-dos-mestres: Noah, Mocujé, Tragagó, Centocé, Mocambo, Sincorá, Bendegó, Cumbe, Jequié, Chorrochó, Tombador, Canche, Quincuncá, Orobó, Patamoté, Massacará, Pambu, Conchó, Caculé e Assuirá.*

*Jagunçada mal encarada e destemida, vivendo junto de fanáticos crentes e maníacos religiosos. Romeiros, resadores de tempo integral e penitentes em cantorias, varando espinheiros e pisando solo áspero. Grupos humanos em andrajos, incansáveis, movidos por força estranha de afetos e ódios, contradições e conflitos, rezas e tiroteios.*

*Gente pacífica procurando inutilmente pelo caminho da salvação, mesclando-se com ex-vaqueiros transformados em bandidos. Portanto rústicas armas de cem anos atrás, como a espingarda lazarina, o bacamarte boca-de-sino, o punhal, ou a paraíba de aço puro, longa como uma espada.*

*O livro "Ira santa", de Renato Ignácio da Silva, da série "Séculos de História", é uma interessante viagem ao passado bárbaro, num mundo de plantas e pássaros na linguagem regional, que não desapareceu de todo, ainda. Misturando-se religiosos, saqueadores, valentes e covardes traidores. Puros, maldosos, sanquinários, homens de paz e guerreiros. Leva incontrolável de andarilhos maltrapilhos sedentos e esfomeados, atrás dos insanos messias que iam surgindo.*

*Atormentados, todos eles, pela brasa amarela do inclemente sol terrível, de madrugada ao anoitecer. Cada personagem com suas aventuras repletas de heroismo e bravura. Arrastando consigo delírio religioso, misticismo feroz, até chegar ao trágico destino.*

*Cumprindo-se profecias: o sertão virou mar...E depois, a surpresa maior...*

***Renig — Editora e Assessoria Publicitária***